# A Bíblia: livro a livro

66 chaves expositivas para estudar de Gênesis a Apocalipse

# A Bíblia: livro a livro

## 66 chaves expositivas para estudar de Gênesis a Apocalipse

São Paulo
2024

© A Bíblia: livro a livro
Copyright © 2024 by Editora Ágape Ltda.

Editor: Luiz Vasconcelos
Coordenador Editorial: Marcelo Siqueira
Preparação: Eduardo de Proença
Revisão: Cláudia R. Montico
Capa: Victória Cristina da Silva Eduardo

Texto de acordo com as normas do Novo Acordo Ortográfico da Língua Portuguesa (1990), em vigor desde 1o de janeiro de 2009.

Dados Internacionais de Catalogação na Publicação (CIP)
Angélica Ilacqua CRB-8/7057

---

Bíblia livro a livro: 66 chaves expositivas para estudar de Gênesis a Apocalipse. — São Paulo : Ágape, 2024.
288 p.

ISBN 978-65-5724-124-0

1. Bíblia – Estudo e ensino

| 24-5304 | CDD 220.7 |
|---|---|

---

Proibida a reprodução total ou parcial desta obra, de qualquer forma ou meio eletrônico e mecânico, inclusive por meio de processos xerográficos, sem permissão expressa da editora. (Lei n° 9.610 de 19.2.1998)

Editora ágape ltda. Alameda Araguaia, 2190 – Bloco A – 11o andar – Conjunto 1112 cep 06455 -000 – Alphaville Industrial, Barueri – SP – Brasil
Tel.: (11) 3699 -7107 | Fax: (11) 3699 -7323
www.editoraagape.com.br                                    |
atendimento@agape.com.br

# TÁBUA

A importância de ler e estudar a Bíblia Sagrada...............7

| | | | |
|---|---|---|---|
| Gênesis...............13 | Eclesiastes...............97 |
| Êxodo...............17 | Cantares...............101 |
| Levítico...............21 | Isaías...............105 |
| Números...............25 | Jeremias...............109 |
| Deuteronômio...............31 | Lamentações...............115 |
| Josué...............35 | Ezequiel...............119 |
| Juízes...............39 | Daniel...............125 |
| Rute...............43 | Oséias...............129 |
| 1 Samuel...............47 | Joel...............133 |
| 2 Samuel...............51 | Amós...............137 |
| 1 Reis...............55 | Obadias...............141 |
| 2 Reis...............61 | Jonas...............145 |
| 1 Crônicas...............65 | Miqueias...............149 |
| 2 Crônicas...............69 | Naum...............153 |
| Esdras...............73 | Habacuque...............157 |
| Neemias...............77 | Sofonias...............161 |
| Ester...............81 | Ageu...............165 |
| Jó...............85 | Zacarias...............169 |
| Salmos...............89 | Malaquias...............173 |
| Provérbios...............93 | |

| | |
|---|---|
| Mateus...............177 | Gálatas...............219 |
| Marcos...............183 | Efésios...............223 |
| Lucas...............189 | Filipenses...............227 |
| João...............195 | Colossenses...............231 |
| Atos...............201 | I Tessalonicenses...............235 |
| Romanos...............207 | II Tessalonicenses...............239 |
| I Coríntios...............211 | I Timóteo...............243 |
| II Coríntios...............214 | II Timóteo...............247 |

*Tito..........................251  I e II Pedro.........................271*
*Filemom....................255  I, II e III João...................277*
*Hebreus.....................259  Apocalipse..........................283*
*Tiago..........................265*

# A Importância de se Ler e Estudar a Bíblia Sagrada

A Bíblia, ao longo da história cristã, tem sido uma fonte de inspiração, guia e transformação para milhões de pessoas. Estudá-la é mais do que uma prática religiosa: é buscar uma conexão com a sabedoria e o amor de Deus revelados. Martinho Lutero, reformador alemão, destacou que "a Bíblia é o fundamento de toda verdadeira educação," sublinhando que não se pode conhecer a verdade sem conhecer a Palavra. Lutero acreditava que o estudo da Bíblia moldava o caráter e iluminava o caminho da fé cristã.

Para Agostinho de Hipona, a Bíblia era uma "carta de amor de Deus para seu povo," uma expressão profunda de cuidado e instrução divina. Ele considerava a leitura das Escrituras como uma forma de compreender a extensão da misericórdia de Deus e o propósito para a vida humana. Assim, ao mergulhar nas palavras sagradas, os cristãos descobrem o consolo e a esperança que ultrapassam as circunstâncias terrenas e se firmam na eternidade.

Jerônimo, conhecido por sua tradução da Bíblia para o latim, enfatizou a importância do estudo ao afirmar que "ignorar as Escrituras é ignorar a Cristo." Para ele, a Bíblia era o próprio coração do conhecimento cristão. Conhecer o que a Bíblia ensina é compreender a pessoa e a obra de Cristo, e essa compreensão, segundo Jerônimo, é essencial para uma vida de fé autêntica e transformadora.

João Calvino, o grande teólogo reformado, acreditava que "a Palavra de Deus é a regra infalível de nossa fé e prática." Para ele, a Bíblia não era apenas um livro de sabedoria, mas uma fonte de autoridade para todos os aspectos da vida. Calvino encorajava seus seguidores a examinar as Escrituras, pois nelas encontravam o caminho para viver segundo a vontade de Deus e em sintonia com os propósitos divinos.

A Bíblia também foi descrita como um poder transformador pelo apóstolo Paulo, que declarou: "O Evangelho é o poder de Deus para a salvação de todo aquele que crê." Paulo via a Bíblia como uma força viva, capaz de transformar o coração humano e trazer a vida eterna. Ele incentivava os cristãos a nunca negligenciarem o estudo das Escrituras, pois elas continham o segredo da transformação espiritual e da renovação.

Para Charles Spurgeon, o grande pregador britânico, o estudo diário da Bíblia era essencial. Ele disse: "Uma Bíblia empoeirada leva a uma alma empoeirada," chamando atenção para o perigo de se distanciar da Palavra de Deus. Spurgeon via na Bíblia a fonte de frescor espiritual e alertava que sem o estudo regular, o cristão se enfraquece e perde a direção.

A importância da Bíblia na formação do intelecto cristão também foi enfatizada por John Wesley, o fundador do metodismo. Ele afirmava que "a Bíblia é o livro mais sublime; é a inspiração divina para toda boa obra." Wesley defendia que o estudo da Bíblia não apenas moldava o caráter, mas também aperfeiçoava a mente. Para ele, um verdadeiro seguidor de Cristo deveria ser alguém cuja mente e coração fossem informados pelas Escrituras.

Martinho Lutero, em outro momento, destacava que a Bíblia era "paz e consolo para todos os momentos de angústia." Lutero compreendia que o estudo das Escrituras oferecia conforto em tempos de dificuldade. Nas palavras de Lutero, a Bíblia era um antídoto para as dores e aflições da vida, oferecendo esperança e uma perspectiva eterna que encorajava o crente a perseverar.

Tomás de Aquino ensinava que "a Escritura deve ser meditada dia e noite." Ele acreditava que o estudo constante das Escrituras aproximava o cristão de Deus, moldando sua alma e coração segundo a vontade divina. Aquino via a Bíblia como um guia seguro, que deveria ser seguido diariamente, proporcionando orientação para todas as áreas da vida.

John Newton, autor do hino "Amazing Grace," afirmou que "estudar a Bíblia é entender a graça de Deus." Para ele, o estudo da Palavra era uma janela para a compreensão do amor e da graça divinos. Newton encorajava os cristãos a se dedicarem ao estudo das Escrituras para compreender a profundidade do perdão e da misericórdia que Deus oferece.

Para Richard Baxter, o estudo da Bíblia era essencial para a busca da santidade. Ele dizia: "Quanto mais uma alma se aproxima das Escrituras, mais santa ela se torna." Baxter via na leitura bíblica uma maneira de purificar o coração e desenvolver o caráter cristão, enfatizando que a Palavra é como uma lâmpada que revela as imperfeições humanas e ilumina o caminho para a retidão.

A Bíblia, para Jonathan Edwards, era uma fonte inesgotável de maravilha e verdade. Ele declarava que "a Palavra de Deus é tão doce quanto o mel para a alma faminta." Edwards incentivava os cristãos a estudarem as Escrituras com o coração aberto, buscando saborear a bondade de Deus e aprofundar-se na sua sabedoria e verdade.

A importância de uma vida centrada na Bíblia também foi enfatizada por Dwight L. Moody. Ele disse: "Quanto mais você lê a Bíblia, mais ela se torna nova para você." Moody acreditava que a Palavra de Deus se renovava constantemente para aqueles que a liam com sinceridade. Ele encorajava seus ouvintes a buscarem sempre o frescor espiritual que apenas as Escrituras podem proporcionar.

Para Dietrich Bonhoeffer, o estudo bíblico era essencial na vida cristã prática. Ele afirmava que "a Bíblia não é uma consolação barata; ela exige transformação." Bonhoeffer via a Palavra como um chamado à ação e à mudança de vida, uma força que, longe de acomodar, provoca e desafia o crente a se conformar à imagem de Cristo.

C. S. Lewis, autor e teólogo, via na Bíblia a revelação do próprio coração de Deus. Ele dizia que "ler a Bíblia é encontrar-se com o Autor por trás de cada palavra." Lewis incentivava o estudo das Escrituras como uma maneira de conhecer Deus pessoalmente e desenvolver uma relação íntima com o Criador.

Para Francisco de Sales, a Bíblia era essencial para a direção espiritual. Ele dizia: "A Palavra de Deus é o remédio para todos os males da alma." Sales via na Bíblia uma fonte de cura para as feridas espirituais, encorajando os cristãos a se voltarem às Escrituras em busca de alívio e orientação.

Billy Graham, evangelista do século XX, afirmava que "a Bíblia é a bússola da alma." Para ele, o estudo regular da Palavra era o único meio de navegar pelas incertezas da vida. Graham via a Bíblia como uma direção segura, um alicerce que sustenta o cristão em meio às tempestades da vida.

Para João Crisóstomo, a Bíblia era uma fonte de sabedoria prática. Ele ensinava que "o estudo das Escrituras enriquece a mente e eleva a alma." Crisóstomo incentivava a leitura diária como um exercício espiritual que fortalece o caráter e prepara o cristão para enfrentar os desafios da vida.

Tertuliano, um dos primeiros pais da Igreja, acreditava que "a Bíblia é a espada da fé." Ele via o estudo das Escrituras como uma arma poderosa contra a dúvida e o erro. Para Tertuliano, ler a Bíblia era equipar-se para a batalha espiritual, uma prática essencial para quem deseja resistir às tentações.

A Bíblia, para A. W. Tozer, era mais do que um livro; era a presença de Deus em palavras. Ele dizia que "a Palavra de Deus é viva e ativa, penetrando até dividir alma e espírito." Tozer acreditava que a Bíblia era o próprio poder de Deus em ação, transformando vidas e conduzindo almas à verdade.

# Introdução

Para os cristãos, a leitura e o estudo da Bíblia permanecem como uma prática essencial para qualquer cristão que deseja conhecer a Deus, compreender sua vontade e viver uma vida de fé genuína. John Piper resume bem essa importância: "A Bíblia é o único livro cujo Autor está presente cada vez que você a lê." Estudar as Escrituras é, assim, uma experiência de encontro direto com Deus, um privilégio e uma necessidade para a vida cristã.

# GÊNESIS

## ESBOÇO DO LIVRO DE GÊNESIS

1. Criação (Gênesis 1–2)
   - Criação do universo, da Terra, dos seres vivos e do ser humano (Adão e Eva).

2. A Queda do Homem (Gênesis 3)
   - O pecado de Adão e Eva e as consequências para a humanidade.

3. Os Primeiros Descendentes e o Crescimento do Pecado (Gênesis 4–5)
   - Caim e Abel; genealogia de Adão até Noé.

4. O Dilúvio e a Arca de Noé (Gênesis 6–9)
   - Corrupção da humanidade, construção da arca, e o dilúvio como juízo divino.

5. Os Descendentes de Noé e a Torre de Babel (Gênesis 10–11)
   - Dispersão das nações e confusão das línguas.

6. A Aliança com Abraão (Gênesis 12–25)
   - Chamado de Abraão, promessas, nascimento de Isaque e a prova de fé no sacrifício.

7. Os Patriarcas: Isaque e Jacó (Gênesis 26–36)
   - Vida de Isaque, nascimento de Jacó e Esaú, e a bênção de Jacó.

8. História de José e a Descida ao Egito (Gênesis 37–50)
   - José vendido pelos irmãos, elevação ao poder no Egito, e a reunião com sua família.

## O LIVRO DE GÊNESIS

O livro de Gênesis inicia com a criação do universo, descrevendo em detalhes como Deus formou os céus e a Terra, e estabeleceu todas as coisas em perfeita harmonia. Ele criou o homem e a mulher à Sua imagem, conferindo-lhes o domínio sobre a criação e um papel especial como cuidadores de Sua obra. No Jardim do Éden, Adão e Eva viviam em comunhão com Deus, desfrutando de uma vida plena e pacífica.

No entanto, a harmonia inicial é quebrada quando Adão e Eva desobedecem a Deus, comendo do fruto proibido. Este ato de rebeldia traz consequências devastadoras, separando-os de Deus e introduzindo o pecado e a morte na criação. A humanidade, agora afetada pelo pecado, passa a viver em conflito com a natureza, com Deus e entre si mesma, como se vê na história dos filhos de Adão, Caim e Abel.

Caim, movido pela inveja, mata seu irmão Abel, o que marca o primeiro homicídio e demonstra a profundidade do pecado no coração humano. A maldade se multiplica, e as gerações seguintes se afastam cada vez mais de Deus. O relato bíblico destaca o crescimento do pecado e a corrupção da humanidade, preparando o caminho para o julgamento divino.

Deus, então, decide purificar a Terra através de um grande dilúvio, poupando apenas Noé, homem justo, e sua família. Noé constrói uma arca, obedecendo às instruções de Deus, e salva-se junto com os animais que Deus ordena que ele leve. Após o dilúvio, Deus estabelece uma aliança com Noé, prometendo nunca mais destruir a Terra com água, e o arco-íris torna-se o símbolo dessa promessa.

As gerações que descendem de Noé se multiplicam e espalham-se pela Terra. No entanto, ainda movidos pela arrogância, os homens tentam construir uma torre que alcance o céu, conhecida como a Torre de Babel. Como resultado, Deus confunde as línguas e dispersa as pessoas por diferentes regiões, formando assim as diversas nações e culturas.

A narrativa, então, focaliza Abraão, um homem chamado por Deus para sair de sua terra e tornar-se o pai de uma grande nação. Deus promete a Abraão que ele será abençoado e que, através dele, todas as famílias da Terra serão abençoadas. Abraão vive em obediência, e sua fé é testada no pedido de Deus para sacrificar seu filho, Isaque.

Isaque, filho de Abraão, torna-se o portador das promessas divinas. Casado com Rebeca, ele é pai de dois filhos gêmeos, Jacó e Esaú, cujas diferenças e rivalidades são um marco na narrativa. Jacó, através de artimanhas, recebe a bênção de seu pai, prometida originalmente a Esaú, e torna-se o patriarca do povo de Israel.

Após uma experiência transformadora com Deus, Jacó é renomeado Israel e seus doze filhos tornam-se os ancestrais das doze tribos de Israel. A história de Jacó mostra como Deus usa até mesmo as imperfeições humanas para cumprir Seu plano e estabelecer uma nação escolhida para cumprir Suas promessas.

A narrativa muda novamente, centrando-se em José, um dos filhos de Jacó. Vendido como escravo por seus irmãos, José sofre injustamente, mas Deus está com ele. Ele acaba sendo elevado a uma posição de poder no Egito, onde se torna uma figura de autoridade e salva o país da fome através de sua sabedoria.

A história de José é uma demonstração da providência divina, onde Deus transforma o mal em bem. Por fim, José é reconciliado com seus irmãos, e a família de Jacó muda-se para o Egito, onde são bem tratados. Assim, o plano de Deus para o povo de Israel começa a tomar forma, mesmo em terras estrangeiras.

Ao final de Gênesis, os descendentes de Abraão estão estabelecidos no Egito, uma terra que temporariamente oferece abrigo e provisão. No entanto, as promessas feitas a Abraão ainda não se completaram, deixando um presságio de que Deus tem mais a realizar na história de Seu povo.

Gênesis apresenta a origem do mundo, da humanidade e do pecado, mas também revela o início do plano redentor de Deus para restaurar a comunhão com a criação. Por meio de alianças e promessas, Deus assegura que Seu propósito será cumprido, a despeito da fraqueza humana e das circunstâncias adversas.

Esse livro lança as bases da história da salvação, mostrando a natureza de Deus como criador, justo e misericordioso. Ao longo de Gênesis, vemos que Deus é fiel às Suas promessas e que, mesmo quando o homem falha, a graça divina permanece presente.

A história dos patriarcas - Abraão, Isaque e Jacó - é um testemunho do compromisso de Deus em criar um povo escolhido que o represente e manifeste Suas bênçãos ao mundo. Gênesis prepara o cenário para a futura libertação do povo de Israel e para a continuidade da aliança de Deus com a humanidade.

Em Gênesis, também vemos que o relacionamento com Deus requer fé e obediência, como exemplificado na vida de Abraão e dos outros patriarcas. Deus chama pessoas comuns para Seu propósito eterno, guiando-os e protegendo-os em meio a provações e desafios.

Esse livro é, portanto, um relato de começos – da criação, do pecado, da redenção e do povo de Deus. Gênesis é o início da jornada que atravessa toda a Bíblia, revelando o compromisso de Deus com o ser humano e apontando para o cumprimento de Suas promessas na história.

# ÊXODO

## ESBOÇO DO LIVRO DO ÊXODO

1. A Escravidão de Israel no Egito (Êxodo 1–2)
   - Crescimento de Israel no Egito, opressão faraônica e nascimento de Moisés.

2. O Chamado de Moisés (Êxodo 3–4)
   - Encontro de Moisés com Deus na sarça ardente e sua chamada para libertar o povo.

3. As Dez Pragas no Egito (Êxodo 5–12)
   - Conflito com Faraó, as pragas como julgamento e a Páscoa.

4. A Libertação e a Travessia do Mar Vermelho (Êxodo 13–15)
   - A saída do Egito e o milagre do Mar Vermelho.

5. A Jornada no Deserto e o Pacto com Deus (Êxodo 16–18)
   - Peregrinação pelo deserto, provisão divina e chegada ao Sinai.

6. Deus Dá a Lei a Israel (Êxodo 19–24)
   - Entrega dos Dez Mandamentos e estabelecimento da aliança.

7. Instruções para o Tabernáculo (Êxodo 25–31)
   - Instruções detalhadas para construção do tabernáculo e objetos sagrados.

8. O Bezerro de Ouro e a Renovação da Aliança (Êxodo 32–34)
   - Quebra da aliança com o bezerro de ouro e renovação da aliança.

9. A Construção do Tabernáculo (Êxodo 35–40)
   - Obediência de Israel e construção do tabernáculo conforme as instruções divinas.

## O Livro do Êxodo

Êxodo começa descrevendo a situação do povo de Israel no Egito. Embora tenham se multiplicado e prosperado desde os dias de José, eles agora vivem como escravos sob a opressão de um novo faraó que teme seu crescimento. A vida dos israelitas se torna cada vez mais difícil e cheia de sofrimento, e eles clamam a Deus por libertação. Deus, ouvindo suas súplicas, prepara um libertador.

O libertador escolhido por Deus é Moisés, um hebreu que, por um milagre, sobreviveu à matança de crianças ordenada pelo faraó. Criado na casa do faraó, Moisés acaba fugindo para o deserto após matar um egípcio. Enquanto vive como pastor em Midiã, ele tem um encontro com Deus em uma sarça ardente. Nessa ocasião, Deus o chama para voltar ao Egito e liderar seu povo rumo à liberdade.

Moisés hesita, mas Deus promete estar com ele e realiza milagres como sinal de Sua presença. Moisés retorna ao Egito e, com a ajuda de seu irmão Arão, confronta o faraó, ordenando-lhe que liberte o povo de Israel. Porém, o faraó endurece o coração e recusa. Em resposta, Deus envia uma série de pragas sobre o Egito, demonstrando Seu poder e julgamento.

As pragas atingem todas as áreas da vida egípcia, desde o abastecimento de água até a saúde e a natureza. As pragas culminam na morte dos primogênitos do Egito, momento em que o povo de Israel é finalmente liberto. A última noite dos israelitas no Egito é marcada pela instituição da Páscoa, um memorial da proteção e libertação divina.

Israel parte do Egito sob a liderança de Moisés, mas logo se depara com o Mar Vermelho à sua frente e o exército do faraó atrás deles. Deus opera mais um milagre, dividindo as águas do mar e permitindo que os israelitas atravessem a pé enxuto. Quando os egípcios tentam segui-los, as águas se fecham, destruindo o exército inimigo e assegurando a liberdade de Israel.

Após a travessia, o povo inicia sua jornada pelo deserto. No caminho, Deus provê água e alimento milagrosamente, sustentando-os dia após dia. A liderança de Moisés é desafiada várias vezes, mas Deus continua a guiá-los e instruí-los em todos os momentos. Eles finalmente chegam ao Monte Sinai, onde Deus estabelece uma aliança formal com Israel.

No Monte Sinai, Deus entrega os Dez Mandamentos, que se tornam a base da lei moral e espiritual para o povo de Israel. Estes mandamentos, junto com outras leis que regulam a vida social e religiosa, marcam o início de uma nova era na relação de Israel com Deus. O povo concorda em obedecer a essas leis, comprometendo-se com a aliança.

Em seguida, Deus dá instruções detalhadas para a construção do tabernáculo, um santuário móvel onde Ele habitará entre o povo. Cada detalhe do tabernáculo, desde os materiais até a estrutura, simboliza a santidade e a presença de Deus. Esse santuário será o centro da adoração e um lembrete constante da aliança entre Deus e Israel.

Enquanto Moisés está no monte recebendo as instruções, o povo perde a paciência e decide fazer um ídolo, o bezerro de ouro. Esta idolatria representa uma quebra da aliança recém-estabelecida, e Deus fica profundamente entristecido e irado. Moisés intercede pelo povo, pedindo a misericórdia de Deus e a renovação da aliança.

Deus, em Sua misericórdia, perdoa Israel, mas lhes impõe consequências e renovam a aliança. A experiência do bezerro de ouro se torna uma lição duradoura sobre os perigos da infidelidade e a importância da adoração exclusiva a Deus. O povo se compromete novamente a seguir os mandamentos e a honrar a aliança.

Com a renovação da aliança, Moisés lidera o povo na construção do tabernáculo, exatamente conforme as instruções divinas. Todos os elementos são feitos com dedicação e habilidade, e o tabernáculo é erguido como uma morada para a presença de Deus no meio do acampamento de Israel.

Ao final do livro, Deus manifesta Sua presença no tabernáculo em uma nuvem de glória, confirmando que Ele estará com Israel em sua jornada. Essa presença divina simboliza tanto a bênção quanto a vigilância constante de Deus sobre o povo. Moisés e os israelitas agora estão prontos para avançar rumo à Terra Prometida.

O livro de Êxodo é uma narrativa de libertação, provisão e aliança. Ele mostra Deus como o libertador e legislador, que resgata Seu povo da escravidão e lhes dá uma nova identidade. Os israelitas, por sua vez, são chamados a viver em obediência e a serem um povo separado para Deus.

Esse livro também aborda temas universais como justiça, liberdade e santidade, com Deus revelando Seu desejo de um relacionamento pessoal e exclusivo com Seu povo. A jornada de Israel no deserto e sua dependência de Deus são reflexos da caminhada espiritual de todos os crentes.

O tabernáculo, construído no final de Êxodo, simboliza a presença contínua de Deus e a importância da adoração na vida dos israelitas. Assim, Êxodo conclui com uma mensagem de esperança e compromisso, apontando para o futuro de Israel como nação consagrada e destinada a refletir a glória de Deus no mundo.

# LEVÍTICO

## Esboço do Livro de Levítico

1. Ofertas e Sacrifícios (Levítico 1–7)
   - Tipos de ofertas (holocaustos, ofertas de cereais, ofertas pacíficas, expiatórias e pelo pecado).

2. A Instituição do Sacerdócio (Levítico 8–10)
   - Consagração de Arão e seus filhos como sacerdotes e orientações sobre seu serviço.

3. Leis de Pureza e Impureza (Levítico 11–15)
   - Distinções entre animais puros e impuros, leis sobre impureza corporal e a importância da santidade.

4. O Dia da Expiação (Yom Kippur) (Levítico 16)
   - Ritual de expiação anual pelos pecados do povo, realizado pelo sumo sacerdote.

5. O Código de Santidade (Levítico 17–22)
   - Leis sobre santidade, incluindo alimentação, pureza moral, comportamento ético e sacrifícios.

6. Festas e Celebrações (Levítico 23)
   - Instruções sobre as festas anuais, incluindo a Páscoa, Pentecostes, e o Dia das Trombetas.

7. Instruções sobre o Ano Sabático e o Ano do Jubileu (Levítico 25)
   - Regras para descanso da terra e libertação de servos a cada cinquenta anos.

8. Bênçãos e Maldições (Levítico 26)
   - Promessas de bênçãos para a obediência e advertências de maldições pela desobediência.

9. Votos e Ofertas Dedicadas (Levítico 27)
   - Regras sobre votos, resgates e ofertas dedicadas ao Senhor.

## O Livro de Levítico

O livro de Levítico, terceiro livro do Pentateuco, é essencialmente um manual de santidade e adoração para o povo de Israel. Situado no contexto da aliança entre Deus e Israel, ele instrui o povo sobre como viver em pureza e devoção. As leis e instruções detalhadas em Levítico têm o propósito de moldar Israel como um povo santo, separado para Deus e distinto das nações ao redor.

Levítico inicia com as ofertas e sacrifícios, que constituem a base do sistema sacrificial israelita. Diversos tipos de sacrifícios são apresentados, incluindo o holocausto, a oferta de cereais, a oferta pacífica, a oferta pelo pecado e a oferta pela culpa. Cada sacrifício tem um propósito específico, seja para expiação de pecados ou para gratidão, ilustrando o processo de purificação e reconciliação entre o povo e Deus.

O sacerdócio é estabelecido logo em seguida, com a consagração de Arão e seus filhos como sacerdotes. Esse ritual de consagração enfatiza a importância da santidade dos sacerdotes, que têm a responsabilidade de interceder pelo povo e realizar os sacrifícios. O sacerdócio destaca o papel especial de Arão e sua linhagem como mediadores entre Deus e Israel.

Leis detalhadas sobre pureza e impureza também ocupam uma parte significativa do livro. Essas leis cobrem diversos aspectos da vida, desde a alimentação até as condições físicas que podem tornar uma pessoa impura, como doenças e secreções. A distinção entre puro e impuro ajuda a preservar a santidade da comunidade e reforça a necessidade de constante vigilância espiritual.

O Dia da Expiação, ou Yom Kippur, é um dos momentos mais solenes do ano e recebe uma atenção especial em Levítico. Neste dia, o sumo sacerdote realiza um ritual de expiação anual pelo pecado de toda a comunidade, incluindo a oferta de um bode que leva simbolicamente os pecados do povo para o deserto. Esse dia é um lembrete da necessidade de purificação e renovação para permanecer em comunhão com Deus.

O Código de Santidade, uma seção central de Levítico, estabelece leis sobre pureza moral e ética, destacando a importância de ser santo como Deus é santo. Essas leis cobrem desde o comportamento sexual até a honestidade nos negócios, reforçando a responsabilidade individual e coletiva de refletir o caráter de Deus. Santidade, em Levítico, é mais do que um ideal; é um estilo de vida.

Entre as orientações estão as leis alimentares, que proíbem o consumo de certos animais considerados impuros. Essas restrições têm o objetivo de manter Israel distinto das outras nações, além de educar sobre disciplina e obediência. A dieta de Israel torna-se, assim, uma expressão concreta de santidade e separação para Deus.

As festas e celebrações prescritas em Levítico são importantes para a identidade e adoração do povo de Israel. Incluem festas como a Páscoa, a Festa dos Pães Asmos, o Pentecostes e o Dia das Trombetas. Essas celebrações estabelecem um calendário sagrado que marca a história da salvação e fortalece a unidade da nação em torno de eventos centrais de sua fé.

O Ano Sabático e o Ano do Jubileu são instruções que enfatizam descanso, renovação e igualdade. A cada sete anos, a terra deve descansar, e a cada cinquenta anos, no Ano do Jubileu, servos são libertados, e propriedades são devolvidas. Essas leis refletem o compromisso de Deus com a justiça social e o cuidado com a criação, promovendo uma sociedade equilibrada.

O capítulo sobre bênçãos e maldições em Levítico é um forte lembrete da aliança entre Deus e Israel. Bênçãos são prometidas para aqueles que obedecem às leis divinas, enquanto maldições e adversidades aguardam os desobedientes. Essa passagem reafirma o compromisso de

Deus de abençoar e proteger o Seu povo, mas também exige fidelidade da parte deles.

Levítico também inclui regras sobre votos e ofertas dedicadas, estabelecendo como devem ser feitas promessas a Deus. Os votos são expressões de devoção, mas precisam ser feitos com seriedade e responsabilidade. Esse sistema reforça a reverência devida a Deus e a importância de cumprir aquilo que foi prometido com sinceridade.

O sistema sacrificial de Levítico, embora complexo, aponta para a necessidade de mediação e expiação. Ele ensina que o pecado afasta o homem de Deus e que o perdão exige um preço. A importância dos sacrifícios destaca a graça de Deus em prover um meio de reconciliação para o Seu povo, mesmo antes da revelação completa do sacrifício perfeito em Cristo.

A figura do sacerdote como mediador é central em Levítico e tem implicações profundas para a espiritualidade de Israel. Os sacerdotes representam a pureza que Deus exige de Seu povo e ilustram a necessidade de um mediador entre o divino e o humano. A santidade sacerdotal é uma metáfora da perfeição que todos são chamados a buscar.

Levítico, como um todo, é um livro que instrui Israel sobre como viver em santidade e em obediência a Deus. Suas leis detalhadas e instruções específicas podem parecer complexas, mas têm o propósito de ajudar o povo a se aproximar do caráter santo de Deus. A obediência às leis de Levítico é uma expressão da aliança e do compromisso de Israel em refletir a glória de Deus.

Por fim, Levítico aponta para a redenção e o desejo de Deus de habitar entre Seu povo. O tabernáculo e as leis são apenas o começo de uma jornada espiritual que levará o povo de Israel a uma compreensão mais profunda do amor e da santidade de Deus. Levítico é um convite à santidade, um chamado a viver em comunhão com o Altíssimo, mesmo em meio às complexidades da vida diária.

# NÚMEROS

## ESBOÇO DO LIVRO DE NÚMEROS

1. O Censo e a Organização do Acampamento (Números 1–4)
   - Censo dos israelitas e organização das tribos ao redor do tabernáculo.

2. Leis e Preparativos para a Jornada (Números 5–10)
   - Regras de purificação, consagração dos levitas e celebração da Páscoa antes da partida.

3. A Partida do Sinai e as Primeiras Reclamações (Números 10–12)
   - Início da jornada, queixas do povo e a oposição de Miriã e Arão a Moisés.

4. A Missão dos Espiões e o Relato de Canaã (Números 13–14)
   - Espiões enviados para Canaã e a incredulidade do povo ao ouvir o relatório negativo.

5. Consequências da Rebelião e Andanças no Deserto (Números 15–19)
   - Punição de 40 anos no deserto; novas leis e o episódio da rebelião de Corá.

6. A Batalha de Meribá e a Desobediência de Moisés (Números 20)
   - O pecado de Moisés e Arão ao ferirem a rocha e a morte de Miriã e Arão.

7. O Caminho de Edom e as Serpentes Venenosas (Números 21)
   - Recusa de passagem por Edom, serpentes venenosas e o símbolo da serpente de bronze.

8. Vitórias e Conquistas (Números 21–24)
   - Vitórias sobre Siom e Ogue e as profecias de Balaão sobre Israel.

> 9. A Idolatria em Peor (Números 25)
> - Idolatria com as mulheres moabitas e a intervenção de Fineias para deter a praga.
>
> 10. Novo Censo e Preparativos para a Terra Prometida (Números 26–27)
> - Novo censo da geração que entrará em Canaã e questões sobre herança e liderança.
>
> 11. Instruções sobre Sacrifícios e Festas (Números 28–30)
> - Regulamentos sobre ofertas diárias e anuais, votos e celebrações religiosas.
>
> 12. Guerra contra Midiã e Distribuição de Terras (Números 31–32)
> - Batalha contra os midianitas e concessão de terras a Rubem, Gade e metade de Manassés.
>
> 13. Resumo das Jornadas e Instruções Finais (Números 33–36)
> - Roteiro das peregrinações, instruções sobre o futuro em Canaã e cidades de refúgio.

## O Livro de Números

O livro de Números começa com um censo dos israelitas no deserto do Sinai. Esse censo não é apenas uma contagem de pessoas, mas também uma preparação militar e organizacional para a jornada rumo à Terra Prometida. Cada tribo é organizada ao redor do tabernáculo, simbolizando a centralidade de Deus na vida da nação e a importância de ordem e disciplina durante a peregrinação.

Após o censo, Deus dá instruções sobre a consagração dos levitas, que servirão como assistentes no tabernáculo. O povo celebra a Páscoa, lembrando-se da libertação do Egito. Esses preparativos mostram que, embora o povo enfrente o deserto, Deus continua a guiá-los e estabelecer ordem, permitindo que cada passo na jornada seja moldado pela santidade e devoção a Ele.

A jornada começa e rapidamente surgem as primeiras queixas. O povo reclama da comida e do cansaço, demonstrando ingratidão. Essa murmuração culmina em oposição, inclusive entre os líderes, como Miriã e Arão, que questionam a autoridade de Moisés. Deus intervém para discipliná-los, reforçando o papel e a liderança de Moisés como Seu escolhido.

Na sequência, Moisés envia doze espiões para Canaã, que trazem relatórios sobre a terra e seu povo. Dez deles retornam com um relatório pessimista, causando medo e incredulidade entre os israelitas. Apenas Josué e Calebe mostram confiança em Deus, incentivando o povo a prosseguir. A incredulidade da maioria resulta em severa punição: o povo será condenado a vagar 40 anos no deserto, até que a geração incrédula desapareça.

Essa peregrinação prolongada serve como uma dura lição sobre as consequências da falta de fé e obediência. Durante esse período, novas instruções são dadas ao povo, como as leis sobre ofertas e purificação. As rebeliões, como a de Corá, mostram a necessidade de disciplina e reafirmam a autoridade de Moisés e Arão, ilustrando que a ordem divina deve prevalecer.

Outro evento marcante é o episódio de Meribá, onde Moisés, em um momento de desobediência, fere a rocha para obter água em vez de apenas falar à rocha, como Deus ordenou. Por essa falha, ele e Arão são impedidos de entrar em Canaã. O episódio destaca que até os líderes devem manter-se fiéis às instruções divinas.

À medida que o povo continua sua jornada, enfrentam adversidades como a recusa de passagem por Edom. No caminho, os israelitas são atacados por serpentes venenosas, mas Deus providencia a cura através de uma serpente de bronze erguida por Moisés. Este episódio simboliza tanto o castigo quanto a redenção que Deus oferece àqueles que se arrependem.

Deus também concede ao povo vitórias significativas sobre os reis Siom e Ogue, assegurando-lhes um território ao leste do Jordão. As vitórias militares fortalecem a confiança de Israel e demonstram que Deus está cumprindo Suas promessas. A presença de Balaão, um profeta estrangeiro, serve como um testemunho de que a bênção de Deus sobre Israel não pode ser anulada.

No entanto, o povo se desvia novamente quando comete idolatria com as mulheres moabitas em Peor. A ira de Deus se manifesta em uma praga que é interrompida pela ação de Fineias, que demonstra zelo pela santidade. Este incidente ressalta a importância de fidelidade a Deus e da pureza moral, além de ser uma advertência contra a influência estrangeira.

Outro censo é realizado para contar a nova geração que entrará na Terra Prometida. Esse censo também serve para dividir as terras entre as tribos, preparando-os para a ocupação de Canaã. A questão da herança é abordada, e Josué é oficialmente nomeado como sucessor de Moisés, assegurando a continuidade da liderança.

Instruções detalhadas sobre sacrifícios e festas religiosas são reiteradas para que o povo mantenha sua devoção a Deus mesmo em sua nova terra. Esses regulamentos garantem que Israel se lembre de seu compromisso com Deus e que adoração seja uma prática central, mesmo em tempos de paz e prosperidade.

Uma guerra contra Midiã é travada, e o povo vence, trazendo provisões e conquistando terras. As tribos de Rubem, Gade e metade de Manassés recebem concessões de terras a leste do Jordão, com o compromisso de ajudar o restante de Israel na conquista de Canaã. Esse acordo estabelece uma base para cooperação e unidade entre as tribos.

O capítulo final de Números lista as várias jornadas do povo desde o Egito, um lembrete da fidelidade de Deus em cada etapa. Instruções são dadas para expulsar os habitantes de Canaã e estabelecer cidades de refúgio, onde casos de homicídio involuntário podem ser julgados com justiça. Essas cidades servem como símbolo da justiça e misericórdia divinas.

O livro de Números conclui com a nação de Israel às portas de Canaã, pronta para finalmente herdar a Terra Prometida. Cada lei e instrução recebida durante a peregrinação são uma preparação para a nova vida em Canaã.

Números, portanto, é um livro de transição e preparação, moldando o caráter de Israel e reafirmando sua dependência e compromisso com Deus.

# DEUTERONÔMIO

## ESBOÇO DO LIVRO DE DEUTERONÔMIO

1. Primeiro Discurso de Moisés: Recordação da Jornada (Deuteronômio 1–4)
   - Moisés relembra a jornada de Israel no deserto e os eventos importantes, incluindo lições de obediência e desobediência.

2. Segundo Discurso de Moisés: A Lei e o Pacto (Deuteronômio 5–26)
   - Repetição dos Dez Mandamentos e outras leis, além de instruções sobre o culto e vida em comunidade.

3. A Lealdade a Deus (Deuteronômio 6–11)
   - Exortações para amar e temer a Deus, incluindo o Shemá ("Ouve, Israel").

4. Leis Diversas para a Vida Comunitária (Deuteronômio 12–26)
   - Regras sobre adoração, pureza, justiça social e ética.

5. Bênçãos e Maldições da Aliança (Deuteronômio 27–28)
   - Detalhamento das bênçãos para a obediência e das maldições pela desobediência.

6. Renovação da Aliança (Deuteronômio 29–30)
   - Apelo para que o povo escolha a vida, com promessas de restauração e bênçãos futuras.

7. A Sucessão de Moisés e o Cântico de Moisés (Deuteronômio 31–32)
   - Preparação para a morte de Moisés, nomeação de Josué e o cântico que relembra a fidelidade de Deus.

8. Bênção de Moisés sobre as Tribos (Deuteronômio 33)
   - Moisés abençoa cada tribo de Israel antes de sua morte.

> 9. A Morte de Moisés (Deuteronômio 34)
> - A visão da Terra Prometida e a morte de Moisés no monte Nebo.

**O LIVRO DE DEUTERONÔMIO**

    O livro de Deuteronômio é uma série de discursos finais de Moisés ao povo de Israel antes de sua entrada na Terra Prometida. O povo está prestes a atravessar o rio Jordão e ocupar Canaã, e Moisés, seu líder de longa data, faz uma retrospectiva da jornada pelo deserto. Ele relembra como Deus guiou, protegeu e disciplinou o povo ao longo de sua peregrinação.

    Moisés começa recordando os eventos importantes, como a incredulidade em Cades-Barneia, que levou ao período de quarenta anos no deserto. Ele enfatiza a importância da obediência e a necessidade de confiar em Deus, usando esses eventos como lições para que a nova geração aprenda a viver em aliança com o Senhor.

    Em seguida, Moisés apresenta novamente os Dez Mandamentos, a base da vida espiritual e moral de Israel. Ele lembra ao povo que esses mandamentos foram dados diretamente por Deus, e são fundamentais para a vida em comunidade e para a relação com Deus. Obedecê-los é vital para que Israel prospere na terra que em breve irão herdar.

    Moisés então exorta o povo a amar e temer a Deus, apresentando o Shemá, que começa com "Ouve, Israel: o Senhor nosso Deus é o único Senhor." Este mandamento de amor e lealdade a Deus deve ser passado às gerações futuras, reforçando que a obediência é uma questão de coração, não apenas de prática religiosa.

    O livro prossegue com Moisés detalhando várias leis que regulam a vida comunitária, incluindo instruções sobre adoração, justiça social, pureza e ética. Essas leis visam manter a integridade do povo e promover uma sociedade justa e compassiva. Israel deve ser um exemplo para as nações ao redor, mostrando como é viver de acordo com a justiça divina.

Moisés adverte o povo contra a idolatria e destaca a importância de adorar apenas ao Senhor. Ele lembra que Canaã é habitada por povos que servem a outros deuses e que o povo de Israel deve resistir a essas influências. Ele adverte que a fidelidade a Deus é essencial para manter as bênçãos da aliança e evitar a ruína espiritual.

Em Deuteronômio, Moisés também apresenta as bênçãos e maldições da aliança, detalhando os benefícios de obedecer a Deus e as consequências da desobediência. Essas bênçãos incluem prosperidade, paz e proteção divina, enquanto as maldições envolvem calamidades e dispersão. O povo é incentivado a escolher a obediência para experimentar a bênção de Deus.

No capítulo 29, Moisés apela para que o povo renove sua aliança com Deus. Ele lembra que todos estão diante de Deus, desde os líderes até as crianças, e todos são responsáveis por cumprir a aliança. Moisés enfatiza que a aliança não é apenas para aquela geração, mas para todas as gerações futuras de Israel.

Moisés então apresenta a promessa de restauração, assegurando ao povo que, mesmo que venham a pecar e serem dispersos, Deus os restaurará se se arrependerem. Esse compromisso divino mostra que a graça de Deus está sempre disponível e que Ele busca um relacionamento de amor com Seu povo, mesmo diante das falhas.

Moisés se prepara para deixar seu papel de liderança e anuncia Josué como seu sucessor. Josué foi fiel em seguir a Deus e é o escolhido para guiar Israel na conquista de Canaã. Moisés abençoa Josué, encorajando-o a ser forte e corajoso, lembrando-o de que o Senhor estará sempre com ele.

Antes de sua morte, Moisés compõe um cântico que relembra a fidelidade de Deus e os perigos da desobediência.

Esse cântico serve como um lembrete para o povo, demonstrando tanto a bondade de Deus quanto Suas expectativas de fidelidade. Moisés pede que o povo guarde essas palavras em seus corações e as ensine às futuras gerações.

Em seu último ato, Moisés abençoa as doze tribos de Israel, pronunciando bênçãos específicas para cada uma. Ele reconhece as características e o destino de cada tribo, abençoando-as com prosperidade, força e a presença contínua de Deus em suas vidas. Este ato final de Moisés é uma despedida simbólica e uma transferência de bênçãos.

O livro termina com a morte de Moisés no monte Nebo, onde ele tem a visão da Terra Prometida, embora não possa entrar nela. Moisés é lembrado como o maior profeta de Israel, alguém com quem Deus falava face a face. Sua morte marca o fim de uma era, mas deixa Israel pronto para a nova fase que se aproxima.

O livro de Deuteronômio é um chamado à fidelidade e à renovação da aliança. Moisés deixa o povo com um legado espiritual que servirá de fundamento para sua vida em Canaã. A importância da obediência, do amor a Deus e da responsabilidade em transmitir a fé às próximas gerações é central em Deuteronômio.

# JOSUÉ

## ESBOÇO DO LIVRO DE JOSUÉ

1. Comissionamento de Josué e Preparação para a Conquista (Josué 1–2)
   - Deus instrui Josué e reafirma Sua presença; espionagem de Jericó e encontro com Raabe.

2. Travessia do Jordão (Josué 3–4)
   - Milagre da travessia do rio Jordão e estabelecimento de um memorial com pedras.

3. Circuncisão e Celebração da Páscoa em Gilgal (Josué 5)
   - Circuncisão da nova geração e celebração da Páscoa na Terra Prometida.

4. Conquista de Jericó e Ai (Josué 6–8)
   - Tomada de Jericó com intervenção divina e vitória sobre Ai após lidar com o pecado de Acã.

5. O Pacto com os Gibeonitas (Josué 9)
   - Engano dos gibeonitas, que fazem aliança com Israel e se tornam servos.

6. Campanha Militar no Sul (Josué 10)
   - Vitória sobre reis amorreus com intervenção milagrosa de Deus, incluindo a parada do sol.

7. Campanha Militar no Norte e Conquista da Terra (Josué 11)
   - Batalhas contra as cidades do norte e a vitória completa sobre Canaã.

8. Distribuição das Terras (Josué 13–21)
   - Divisão das terras entre as tribos de Israel, estabelecendo suas heranças.

> 9. Cidade de Refúgio e Leis sobre Herança (Josué 20–21)
> - Instituição das cidades de refúgio e concessão de cidades aos levitas.
>
> 10. Discurso Final de Josué e Renovação da Aliança (Josué 23–24)
> - Últimos conselhos de Josué e renovação da aliança entre Deus e Israel.

## O DO LIVRO DE JOSUÉ

O livro de Josué narra a conquista da Terra Prometida sob a liderança de Josué, sucessor de Moisés. Deus confirma a liderança de Josué e o encoraja a ser forte e corajoso, prometendo estar com ele assim como esteve com Moisés. Josué assume essa tarefa com determinação, guiado pela fé e pelas instruções divinas, e prepara o povo para a invasão de Canaã.

Antes de entrar em Canaã, Josué envia dois espiões para Jericó, onde são acolhidos por Raabe, uma mulher de fé que reconhece o poder de Deus. Ela ajuda os espiões a escapar e é protegida em troca de sua lealdade. Esse evento demonstra o alcance da influência de Deus e a misericórdia que Ele concede a aqueles que o buscam.

Para iniciar a conquista, o povo de Israel atravessa o rio Jordão em um milagre semelhante à travessia do Mar Vermelho. Quando os sacerdotes entram no rio com a arca, as águas se dividem, permitindo que o povo passe a pé enxuto. Doze pedras são colocadas como um memorial desse evento, lembrando às futuras gerações da fidelidade de Deus.

Após a travessia, Josué ordena a circuncisão da nova geração, renovando o pacto de Abraão, e celebra a Páscoa na nova terra. Esse ato marca um novo começo para Israel e reforça sua identidade como povo escolhido. Com isso, eles se preparam espiritualmente para enfrentar os desafios da conquista e vivem a fidelidade de Deus em suas vidas.

# Josué

A primeira batalha significativa acontece em Jericó, onde Deus instrui o povo a marchar ao redor da cidade por sete dias. No sétimo dia, as muralhas caem ao som das trombetas, e Jericó é tomada. A vitória é garantida pela obediência do povo e o poder de Deus, mostrando que a conquista depende de sua confiança no Senhor.

No entanto, na batalha seguinte contra Ai, o pecado de Acã, que desobedeceu e tomou despojos proibidos, resulta em uma derrota inicial. Após lidar com o pecado, Israel ataca novamente e conquista a cidade de Ai. Este episódio mostra a seriedade da obediência às ordens divinas e as consequências da desobediência para toda a comunidade.

Os gibeonitas, temendo Israel, enganam Josué, fazendo uma aliança com ele ao se passarem por viajantes de terras distantes. Embora a aliança tenha sido feita por engano, Josué honra o acordo e os gibeonitas se tornam servos. A lição reforça a importância da vigilância e da consulta a Deus antes de tomar decisões importantes.

Israel, então, enfrenta uma aliança de reis do sul de Canaã. Deus intervém, fazendo o sol parar no céu para prolongar o dia, permitindo uma vitória completa sobre os inimigos. Essa campanha no sul destaca a poderosa intervenção de Deus, que luta ao lado de Israel para cumprir Suas promessas e assegurar a vitória.

Na sequência, Josué lidera uma campanha no norte de Canaã, conquistando as cidades com a ajuda divina. Com essas vitórias, a maior parte de Canaã é subjugada e o domínio de Israel na região é estabelecido. As conquistas simbolizam o cumprimento da promessa de Deus e a certeza de Sua fidelidade aos patriarcas.

Depois das campanhas militares, Josué supervisiona a divisão das terras entre as tribos de Israel, assegurando a cada uma sua herança. Atribuir territórios a cada tribo reforça a continuidade das promessas de Deus e a importância de viver de acordo com a aliança na nova terra, honrando a responsabilidade dada a cada tribo.

Além da distribuição das terras, cidades de refúgio são instituídas para garantir justiça e misericórdia. Essas cidades fornecem um lugar de proteção para aqueles que cometem homicídio involuntário, destacando a justiça divina que valoriza tanto a vida quanto a misericórdia. As cidades também refletem a organização social e a importância da justiça.

Os levitas, que não recebem uma porção de terra, recebem cidades e campos ao redor delas para sustento. Isso garante que aqueles que ministram no tabernáculo e servem na adoração tenham seu lugar e sustento, reforçando a centralidade da adoração e do sacerdócio na vida de Israel.

No final de sua vida, Josué reúne o povo e exorta-o a permanecer fiel a Deus. Ele lembra das promessas cumpridas e das batalhas vencidas, destacando que o sucesso de Israel depende de sua lealdade a Deus. Josué adverte que se o povo se desviar, sofrerá as consequências da desobediência, mas se for fiel, será abençoado.

Antes de sua morte, Josué convoca o povo para uma renovação formal da aliança. Ele desafia Israel a escolher servir exclusivamente ao Senhor e abandonar qualquer idolatria. O povo responde afirmativamente, prometendo fidelidade e compromisso com o Senhor, e reafirma sua identidade como povo separado para Deus.

O livro termina com a morte de Josué e a estabilidade de Israel em Canaã. A conquista da terra e a renovação da aliança servem como um marco para Israel, lembrando-lhes que a obediência e a confiança em Deus são essenciais para prosperarem. Josué é lembrado como um líder fiel que conduziu Israel à realização das promessas feitas por Deus aos patriarcas.

# JUÍZES

## Esboço do Livro de Juízes

1. Introdução e Contexto (Juízes 1–2)
   - O cenário após a morte de Josué, fracasso de Israel em expulsar os cananeus e ciclo de desobediência e opressão.

2. Ciclo de Desobediência e Libertação (Juízes 2–3)
   - Padrão repetido de idolatria, opressão, clamor a Deus e o surgimento de juízes para libertar Israel.

3. Juízes Principais
   - Otniel (Juízes 3) - Primeiro juiz que liberta Israel dos opressores.
   - Eúde (Juízes 3) - Libertação de Israel dos moabitas.
   - Débora e Baraque (Juízes 4–5) - Vitória sobre os cananeus liderada por Débora, uma profetisa, e Baraque.

4. Gideão e a Libertação dos Midianitas (Juízes 6–8)
   - Chamada de Gideão, sua vitória sobre os midianitas e testes de fé.

5. Abimeleque e o Conflito Interno (Juízes 9)
   - Tentativa de Abimeleque, filho de Gideão, de se tornar rei e os conflitos que isso gera.

6. Juízes Menores (Juízes 10–12)
   - Histórias breves de Tola, Jair, Jefté e outros, incluindo a vitória de Jefté sobre os amonitas.

7. Sansão e os Filisteus (Juízes 13–16)
   - Nascimento, feitos e queda de Sansão, um nazireu com força sobrenatural, que luta contra os filisteus.

8. Declínio Espiritual e Caos Moral (Juízes 17–21)
   - Idolatria de Mica e a tribo de Dã, além do incidente da concubina de um levita e a guerra civil contra a tribo de Benjamim.

> 9. Conclusão: "Cada um fazia o que achava mais reto" (Juízes 21:25)
> - O ciclo contínuo de desobediência e falta de liderança moral em Israel.

## O Livro de Juízes

O livro de Juízes narra a vida de Israel após a morte de Josué, em uma época de transição e desordem. Sem um líder central, o povo se distancia de Deus e começa a adotar práticas pagãs dos povos vizinhos. Este ciclo de idolatria leva à opressão de Israel por nações inimigas, mas Deus, em sua misericórdia, levanta juízes para resgatá-los.

Cada ciclo de opressão começa com a desobediência do povo, que se volta para os deuses cananeus e abandona o Senhor. Deus permite que inimigos subjuguem Israel como forma de disciplina, e o povo então clama a Ele por socorro. Em resposta, Deus envia líderes conhecidos como juízes para libertar Israel e restaurar a paz, embora o ciclo de queda se repita.

O primeiro juiz a ser levantado é Otniel, que liberta Israel dos opressores e estabelece um período de paz. Em seguida, Eúde, com astúcia, lidera o povo contra os moabitas, trazendo libertação por meio de um ato inesperado e corajoso. O papel de cada juiz é sempre temporário, e a paz dura apenas enquanto o juiz está vivo.

Débora, uma profetisa e juíza, é chamada para liderar Israel ao lado de Baraque contra os cananeus. Eles derrotam o exército inimigo, com a ajuda de Jael, que mata o comandante inimigo, Sísera. A história de Débora destaca o papel crucial das mulheres na liderança e a disposição de Deus em usar qualquer pessoa para cumprir Seus propósitos.

Gideão é outro juiz importante. Inicialmente hesitante e com dúvidas, ele responde ao chamado de Deus e lidera Israel contra os midianitas. Deus reduz o exército de Gideão para apenas 300 homens, demonstrando que a vitória depende do poder divino e não da força militar. Gideão se torna um exemplo de fé, mas seus erros posteriores causam problemas para Israel.

Abimeleque, filho de Gideão, tenta se tornar rei e instiga um conflito sangrento para conquistar poder. Seu governo tirânico termina em violência e desastre, mostrando que quando a liderança surge de ambições egoístas, ela leva à ruína. A história de Abimeleque é um exemplo das consequências da falta de liderança segundo a vontade de Deus.

Jefté, outro juiz, é conhecido por seu voto precipitado que acaba levando à morte de sua própria filha. Jefté conduz Israel à vitória sobre os amonitas, mas sua história também ilustra a importância de pensar cuidadosamente antes de fazer votos a Deus. A falta de discernimento de Jefté revela as falhas humanas mesmo entre os líderes escolhidos.

Sansão, talvez o juiz mais famoso, é levantado para combater os filisteus. Dotado de força sobrenatural, ele realiza feitos heroicos, mas suas fraquezas pessoais, especialmente em relação a mulheres, comprometem sua missão. Sua vida termina em um ato de autossacrifício que derrota muitos filisteus, mas também mostra as consequências de uma vida marcada por impulsos descontrolados.

Enquanto os juízes oferecem períodos de paz, o ciclo de idolatria e decadência moral continua. A idolatria da família de Mica, que cria um ídolo em sua casa, leva a tribo de Dã a se afastar dos mandamentos de Deus. Essa história mostra o declínio espiritual de Israel e a falta de liderança moral clara no meio do povo.

O incidente da concubina de um levita, que é abusada e morta, desencadeia uma guerra civil contra a tribo de Benjamim. Esse episódio revela a deterioração moral e a violência desenfreada em Israel, que chega ao ponto de fratricídio. A história é um reflexo da profunda desordem na sociedade israelita, onde cada um age segundo seu próprio julgamento.

O livro de Juízes destaca a necessidade de uma liderança justa e de um povo comprometido com Deus. Em várias ocasiões, o povo expressa remorso e clama por ajuda, mas sua obediência nunca é duradoura. Esse ciclo de pecado e arrependimento enfatiza a luta constante entre a aliança com Deus e a atração pelos costumes dos povos vizinhos.

Juízes apresenta uma série de figuras imperfeitas, cada uma com suas fraquezas e falhas. Os juízes são uma mistura de coragem e falibilidade, e suas vidas mostram como Deus pode usar até mesmo pessoas imperfeitas para realizar Sua obra. No entanto, as falhas dos juízes refletem as lutas e dificuldades do povo de Israel em seguir fielmente a Deus.

O livro termina com uma frase que resume o caos da época: "Naqueles dias não havia rei em Israel; cada um fazia o que achava mais reto aos seus olhos." Essa frase finaliza Juízes com uma nota de alerta, indicando que sem uma liderança central justa e comprometida com Deus, o povo cai na anarquia e idolatria.

Em Juízes, vemos que a lealdade a Deus é essencial para a paz e prosperidade, e que a obediência não pode ser sustentada apenas por um líder humano. A história mostra a necessidade de um líder perfeito, apontando para a vinda futura de um rei que trará paz duradoura e fidelidade a Deus.

O ciclo de desobediência e resgate em Juízes sugere que, embora Deus continue fiel e misericordioso, Israel precisa de uma transformação espiritual que vai além de intervenções temporárias. A história dos juízes prepara o cenário para o desejo de Israel por uma monarquia e aponta para a vinda de um rei que governará com justiça e firmeza.

# RUTE

> **ESBOÇO DO LIVRO DE RUTE**
>
> 1. A Família de Elimeleque em Moabe (Rute 1:1–5)
>    - Fome em Belém, viagem de Elimeleque e sua família para Moabe, e a morte de Elimeleque e seus filhos.
>
> 2. O Retorno de Noemi e Rute para Belém (Rute 1:6–22)
>    - Decisão de Noemi de retornar a Belém; Rute decide permanecer com ela; declaração de lealdade de Rute.
>
> 3. Rute Trabalha nos Campos de Boaz (Rute 2)
>    - Rute colhe espigas nos campos de Boaz, que a trata com bondade e a protege.
>
> 4. Plano de Noemi para Rute e Boaz (Rute 3)
>    - Noemi instrui Rute a buscar proteção com Boaz como parente-remidor.
>
> 5. Boaz Redime Rute e a Casa de Elimeleque (Rute 4:1–12)
>    - Boaz negocia para redimir a terra de Elimeleque e se casar com Rute.
>
> 6. Rute e Boaz se Casam; Genealogia de Davi (Rute 4:13–22)
>    - Rute e Boaz têm um filho, Obede, que é ancestral do rei Davi.

## O LIVRO DE RUTE

O livro de Rute começa com uma situação de desespero para uma família israelita de Belém. Durante um período de fome, Elimeleque, sua esposa Noemi e seus dois filhos partem para Moabe em busca de melhores condições de vida. Em Moabe, os dois filhos de Elimeleque casam-se com mulheres moabitas, mas, após algum tempo, Elimeleque e seus dois filhos morrem, deixando Noemi e suas noras desamparadas.

Com a morte dos homens da família, Noemi decide retornar para Belém, pois ouve que a fome terminou em Israel.

Ela encoraja suas noras, Rute e Orfa, a ficarem em Moabe e recomeçarem suas vidas. Orfa aceita a sugestão, mas Rute, com uma profunda demonstração de lealdade, decide ficar com Noemi, afirmando: "O teu povo será o meu povo, e o teu Deus, o meu Deus."

Rute e Noemi retornam para Belém, onde são acolhidas pela comunidade. Elas enfrentam a dura realidade da pobreza, e Rute se dispõe a sustentar a sogra colhendo espigas nos campos durante a colheita. A jovem acaba trabalhando nos campos de Boaz, um parente próximo de Elimeleque, que demonstra grande bondade e generosidade para com Rute, protegendo-a e permitindo que ela colha com segurança.

Boaz se torna uma figura chave na história. Ele não apenas acolhe Rute, mas também a elogia por sua lealdade a Noemi. Ele cuida para que ela receba uma quantidade generosa de espigas, assegurando assim a subsistência de ambas. A bondade de Boaz e a dedicação de Rute demonstram o valor da solidariedade e do compromisso com a família e a comunidade.

Noemi percebe que Boaz pode agir como "parente-remidor", uma tradição que permite a um parente próximo redimir uma família em dificuldades. Ela instrui Rute a se aproximar de Boaz para pedir que ele a proteja por meio do casamento. Rute segue as instruções de Noemi e, numa demonstração de confiança e humildade, se aproxima de Boaz durante a noite e faz o pedido.

Boaz fica honrado com o pedido de Rute e se compromete a resolver a situação. Ele menciona que existe outro parente mais próximo que tem o direito de resgatar a propriedade de Elimeleque, mas que, se esse homem recusar, ele mesmo tomará Rute como esposa. Esse compromisso de Boaz mostra sua integridade e respeito pelas tradições de Israel.

No dia seguinte, Boaz vai à porta da cidade, onde trata da questão do resgate de Rute e da terra de Elimeleque diante das testemunhas da cidade. O parente mais próximo abdica de seu direito de resgate, e Boaz assume a responsabilidade de redimir a propriedade e de se casar com Rute. Esse ato é tanto um gesto de amor quanto de fidelidade aos costumes de Israel.

Boaz e Rute se casam, e a união deles é abençoada com o nascimento de um filho, Obede. Esse filho é uma grande bênção para Noemi, pois representa a continuidade da família de seu falecido marido e filhos. As mulheres de Belém celebram com Noemi, reconhecendo que Deus transformou sua amargura em alegria.

A história de Rute e Boaz não é apenas uma história de amor e redenção individual, mas uma demonstração da graça de Deus em tempos difíceis. O livro de Rute destaca a importância da lealdade, da bondade e da confiança em Deus. A devoção de Rute a Noemi e o caráter nobre de Boaz revelam o valor das relações fiéis em meio às adversidades.

O nascimento de Obede marca um novo começo para a família. Ele se torna o avô do rei Davi, um dos personagens mais importantes da história de Israel. Dessa forma, a linhagem de Davi, e eventualmente de Jesus, está ligada diretamente a Rute, uma moabita, mostrando que Deus inclui todos os povos em Seu plano de redenção.

Rute, uma estrangeira, se torna parte integral da nação de Israel e da linhagem messiânica, destacando a inclusão e a aceitação no plano divino. O exemplo de Rute mostra que a fé e a fidelidade a Deus transcendem as barreiras étnicas e culturais, e que a disposição de seguir o Deus de Israel é recompensada com graça e bênçãos.

A trajetória de Noemi, de amargura à alegria, reflete a capacidade de Deus de transformar dor em esperança. Noemi, que no início se sentia desamparada e sem futuro, vê a bondade de Deus se manifestar através de sua nora e de Boaz. O livro termina com uma nota de restauração e celebração da vida e da providência divina.

O livro de Rute é um testemunho da bondade de Deus em tempos de crise. Ele nos lembra que, mesmo nas dificuldades, Deus está trabalhando para redimir e restaurar Seu povo. A fidelidade de Rute e Boaz à sua família e a Deus exemplificam os valores de justiça, amor e lealdade que Deus valoriza.

Rute é uma história de fé, redenção e esperança que ressoa através das gerações. A inclusão de Rute na linhagem de Davi e, consequentemente, de Jesus, é um sinal da abertura de Deus para todos aqueles que O buscam de coração. Este livro nos ensina que, em meio aos tempos mais difíceis, a lealdade, a generosidade e a fé sempre trazem renovação e bênção.

# 1 Samuel

## Esboço do primeiro livro de Samuel

1. Nascimento e Chamado de Samuel (1 Samuel 1–3)
   - O nascimento de Samuel, dedicatória ao serviço de Deus e o chamado profético.

2. A Arca da Aliança e os Filhos de Eli (1 Samuel 4–7)
   - Corrupção dos filhos de Eli, captura da arca pelos filisteus e retorno milagroso da arca a Israel.

3. Israel Pede um Rei (1 Samuel 8)
   - O povo pede um rei para ser como as outras nações, e Samuel adverte sobre as consequências.

4. A Unção e Reinado de Saul (1 Samuel 9–12)
   - Saul é escolhido como o primeiro rei de Israel e lidera o povo em batalhas iniciais.

5. Desobediência e Rejeição de Saul (1 Samuel 13–15)
   - Saul desobedece a Deus em várias ocasiões, levando à sua rejeição como rei.

6. Unção de Davi e Conflito com Saul (1 Samuel 16–19)
   - Davi é ungido em segredo, derrota Golias, e começa sua relação complicada com Saul.

7. A Fuga de Davi e a Perseguição de Saul (1 Samuel 20–27)
   - Davi foge de Saul, recebe apoio e vive como fugitivo enquanto Saul o persegue incessantemente.

8. Davi Poupando a Vida de Saul (1 Samuel 24 e 26)
   - Davi tem oportunidades de matar Saul, mas opta por poupá-lo, respeitando sua posição como ungido de Deus.

9. Saul e a Feiticeira de En-Dor (1 Samuel 28)
   - Desesperado, Saul consulta uma feiticeira antes de sua batalha final contra os filisteus.

> **10. Morte de Saul e de seus Filhos (1 Samuel 31)**
> - Saul e seus filhos, incluindo Jônatas, morrem em batalha, abrindo caminho para Davi ascender ao trono.

## O PRIMEIRO LIVRO DE SAMUEL

O livro de 1 Samuel começa com a história de Ana, uma mulher piedosa que ora fervorosamente a Deus para ter um filho. Ela promete dedicar a criança ao serviço do Senhor, e Deus responde seu pedido, concedendo-lhe um filho, Samuel. Quando Samuel é ainda jovem, Deus o chama para ser profeta, marcando o início de sua missão como líder espiritual de Israel em um tempo de transição.

Samuel cresce em um contexto de corrupção entre os líderes religiosos, como os filhos de Eli, que desonram o sacerdócio. Deus anuncia julgamento sobre a casa de Eli, e os filisteus capturam a arca da aliança em uma batalha contra Israel. No entanto, a presença da arca traz desastre aos filisteus, e eles a devolvem ao povo de Israel, que celebra o retorno milagroso da arca.

Com o avanço da idade de Samuel, o povo pede um rei, desejando ser como as nações vizinhas. Samuel fica relutante, mas Deus permite que eles tenham um rei, advertindo sobre as dificuldades que viriam. Assim, Saul é escolhido como o primeiro rei de Israel, ungido por Samuel e aceito pelo povo, que deposita nele a esperança de uma liderança estável.

Saul começa seu reinado com sucesso, liderando o povo em várias vitórias militares. No entanto, com o tempo, ele demonstra desobediência a Deus em várias ocasiões, agindo impulsivamente e sem consultar o Senhor. Como resultado, Deus decide rejeitar Saul como rei, avisando que seu reino será transferido para alguém que seja fiel.

Enquanto isso, Deus envia Samuel para ungir secretamente um novo rei: Davi, o jovem pastor de Belém. Davi logo prova seu valor ao derrotar o gigante Golias, ganhando reconhecimento em todo Israel. No entanto, a crescente popularidade de Davi provoca o ciúme de Saul, que tenta matá-lo, transformando Davi em um fugitivo. Davi forma uma forte amizade com Jônatas, filho de Saul, que o ajuda a escapar das armadilhas de seu pai. Mesmo perseguido por Saul, Davi se recusa a revidar e demonstra grande respeito pelo rei. Ele evita qualquer tentativa de assumir o trono à força, mostrando que confia na vontade de Deus para determinar o momento certo.

Saul continua a perseguição incansável de Davi, mas, em duas ocasiões, Davi tem a chance de matar o rei e opta por poupá-lo. Ele acredita que não deve levantar a mão contra o "ungido do Senhor", mostrando seu respeito pela autoridade divina e sua paciência para esperar o tempo de Deus.

Em uma tentativa desesperada, Saul consulta uma feiticeira antes de sua batalha final com os filisteus. A aparição de Samuel profetiza sua morte iminente, confirmando que a rejeição de Deus a Saul é definitiva. A consulta à feiticeira revela o estado de desespero de Saul e seu distanciamento final de Deus.

Enquanto Davi permanece exilado e aguardando o momento apropriado para agir, os filisteus lançam um grande ataque contra Israel. Saul e seus filhos, incluindo Jônatas, enfrentam os filisteus na batalha e são derrotados. No campo de batalha, Saul é gravemente ferido e, para evitar ser capturado, tira a própria vida.

A morte de Saul marca o fim de uma era para Israel e abre o caminho para que Davi ascenda ao trono. A lealdade de Davi a Deus e sua disposição de esperar o tempo certo são contrastes diretos com o desespero e a queda de Saul. Davi é preparado para ser um líder segundo o coração de Deus, e sua jornada é caracterizada pela fé e pelo compromisso com a justiça.

O livro de 1 Samuel mostra a transição de Israel de uma confederação de tribos liderada por juízes para uma monarquia. Este período é marcado por lutas internas e externas, mas também pelo estabelecimento de uma identidade nacional mais unificada sob o reinado de um único líder. Samuel, Saul e Davi desempenham papéis cruciais nesse processo.

O tema central do livro é a fidelidade a Deus e a obediência a Sua vontade. Enquanto Samuel representa o compromisso com Deus, Saul mostra como o orgulho e a desobediência podem levar à queda. Por outro lado, Davi, apesar de imperfeito, demonstra uma fé profunda e dependência em Deus, que se torna o fundamento de seu futuro reinado.

1 Samuel também destaca a soberania de Deus sobre Israel. Embora o povo queira ser como as outras nações, Deus permanece no controle e é Ele quem escolhe e rejeita os reis. O livro deixa claro que Deus é o verdadeiro rei de Israel e que os líderes devem depender d'Ele para serem bem-sucedidos.

A amizade entre Davi e Jônatas é outro aspecto notável do livro. Eles formam uma aliança de fidelidade mútua, transcendente das ambições políticas e da perseguição de Saul. Essa amizade torna-se um exemplo de amor e lealdade, mostrando que Deus valoriza relacionamentos sinceros e comprometidos.

# 2 Samuel

## Esboço do segundo livro Samuel

1. Reinado de Davi em Hebrom (2 Samuel 1–4)
   - Davi lamenta a morte de Saul e Jônatas; ele é ungido rei de Judá e enfrenta resistência de Is-Bosete, filho de Saul.

2. Davi Unifica Israel (2 Samuel 5)
   - Davi é ungido rei de todo Israel, conquista Jerusalém e a torna capital; vitórias sobre os filisteus.

3. A Arca da Aliança em Jerusalém (2 Samuel 6)
   - Davi traz a arca da aliança para Jerusalém com celebração e reverência.

4. A Aliança de Deus com Davi (2 Samuel 7)
   - Deus faz uma aliança com Davi, prometendo que sua dinastia será estabelecida para sempre.

5. Conquistas Militares de Davi (2 Samuel 8–10)
   - Davi expande o território de Israel, derrotando nações vizinhas e consolidando seu reino.

6. Pecado de Davi com Bate-Seba e Consequências (2 Samuel 11–12)
   - Davi comete adultério com Bate-Seba e manda matar Urias; o profeta Natã o confronta e Deus perdoa Davi, mas consequências seguem.

7. Rebelião de Absalão e Conflito Interno (2 Samuel 13–18)
   - O pecado de Amnom contra Tamar, vingança de Absalão e sua subsequente rebelião contra Davi.

8. Retorno de Davi ao Trono (2 Samuel 19–20)
   - Davi retorna a Jerusalém após a morte de Absalão e enfrenta a rebelião de Seba.

# A Bíblia - Manual de Estudo

> 9. Vingança dos Gibeonitas e Outros Conflitos (2 Samuel 21)
> - Davi resolve uma dívida de sangue com os gibeonitas e lidera Israel em mais batalhas.
>
> 10. Salmos de Louvor e Últimas Palavras de Davi (2 Samuel 22–23)
> - Davi expressa sua gratidão a Deus em um cântico e dá suas últimas instruções.
>
> 11. Censo de Davi e Consequências (2 Samuel 24)
> - Davi realiza um censo, desobedecendo a Deus, e uma praga atinge Israel; Davi compra a eira de Araúna para um altar.

## O SEGUNDO LIVRO DE SAMUEL

O livro de 2 Samuel começa com Davi lamentando a morte de Saul e de seu grande amigo Jônatas. Mesmo sendo perseguido por Saul, Davi respeitava a posição dele como ungido de Deus. Ele compõe um cântico de luto, expressando sua dor e reverência pela memória dos dois. Esse gesto mostra o coração de Davi e sua disposição para liderar com compaixão e respeito.

Davi é ungido rei sobre Judá e governa em Hebrom enquanto o norte de Israel apoia Is-Bosete, filho de Saul. A tensão entre os dois lados leva a um conflito prolongado, mas, após a morte de Is-Bosete, as tribos de Israel se unem e reconhecem Davi como seu rei. Com a unificação, Davi é oficialmente ungido rei de todo Israel, marcando o início de uma nova era.

Davi escolhe Jerusalém como capital e estabelece a cidade como centro religioso e político de Israel. Em um ato de grande celebração, ele traz a arca da aliança para Jerusalém, demonstrando sua devoção e desejo de centralizar o culto a Deus. A presença da arca em Jerusalém representa a união espiritual e política do reino.

Deus faz uma aliança com Davi, prometendo que sua dinastia será eterna. O profeta Natã comunica que Deus deseja estabelecer a casa de Davi para sempre, uma promessa que aponta para a linhagem messiânica. Essa aliança é um ponto alto no relacionamento entre Deus e Israel, reafirmando o compromisso de Deus com Seu povo.

Davi expande o território de Israel, liderando campanhas bem-sucedidas contra nações vizinhas. As vitórias militares consolidam Israel como uma potência regional e garantem paz e prosperidade. Davi se torna uma figura central no fortalecimento de Israel, e seu reinado é marcado por justiça e administração sábia.

Apesar de seu sucesso, Davi comete um grave pecado ao adulterar com Bate-Seba e mandar matar seu marido, Urias. O profeta Natã o confronta e, após confessar seu erro, Davi é perdoado por Deus. No entanto, as consequências são severas, pois a família de Davi começa a enfrentar conflitos internos, e a paz de seu reino é abalada.

O pecado de Amnom, filho de Davi, contra sua irmã Tamar desencadeia uma série de tragédias familiares. Absalão, irmão de Tamar, vinga-se de Amnom, e a tensão familiar culmina numa rebelião. Absalão tenta tomar o trono de seu pai, levando a um conflito que divide Israel e causa grande dor a Davi.

Davi, embora profundamente entristecido, foge de Jerusalém para evitar mais derramamento de sangue. Absalão assume o controle temporário, mas Davi consegue reorganizar seu exército e, em uma batalha decisiva, Absalão é morto. Davi lamenta a morte de seu filho, mostrando sua profunda dor e compaixão, mesmo diante de uma rebelião.

Após a morte de Absalão, Davi retorna a Jerusalém e restabelece seu governo. Contudo, a paz é novamente ameaçada quando Seba, um rebelde de Benjamim, se levanta contra Davi. Com a ajuda de seu exército, Davi rapidamente suprime a revolta, restabelecendo a ordem em Israel e reforçando sua autoridade.

Davi resolve uma dívida de sangue com os gibeonitas, entregando descendentes de Saul como expiação. Esse ato de justiça visa restaurar a paz e sanar uma antiga dívida de honra. Em seguida, Davi lidera Israel em mais batalhas contra os filisteus e outras ameaças, mostrando que Deus continua a proteger Israel.

No final de sua vida, Davi compõe um cântico de louvor, expressando sua gratidão a Deus por Sua fidelidade e proteção. Ele também compartilha palavras finais de sabedoria e instrução, exortando Israel a permanecer fiel ao Senhor. Davi reflete sobre os altos e baixos de seu reinado, sempre reconhecendo a mão de Deus em sua vida.

Em um momento de orgulho, Davi realiza um censo para medir a força de seu exército, desobedecendo a Deus. Como resultado, uma praga cai sobre Israel, causando grande sofrimento. Arrependido, Davi intercede pelo povo e compra a eira de Araúna para construir um altar ao Senhor, interrompendo a praga.

A compra da eira de Araúna estabelece o local futuro do templo em Jerusalém, onde Salomão, filho de Davi, construirá o templo. Esse ato final simboliza o compromisso de Davi com Deus e sua disposição em reparar seus erros. A história de Davi termina com esperança e um legado espiritual para as gerações futuras.

2 Samuel é um relato das conquistas e falhas de Davi, um homem segundo o coração de Deus, mas também sujeito a fraquezas humanas. O livro destaca o poder do arrependimento e a misericórdia de Deus, enquanto também mostra as consequências das decisões erradas. Davi é um exemplo de liderança fiel, ainda que imperfeita.

O livro de 2 Samuel estabelece as bases para a dinastia davídica e a futura construção do templo. A aliança de Deus com Davi aponta para o Messias, que virá da linhagem de Davi, trazendo redenção e cumprimento das promessas divinas.

# 1 REIS

## ESBOÇO DO LIVRO DE 1 REIS

1. Transição do Reinado de Davi para Salomão (1 Reis 1-2)
   - Davi adoece, Adonias tenta assumir o trono, mas Salomão é ungido rei; últimas instruções de Davi e o estabelecimento do reino de Salomão.

2. Sabedoria e Reinado de Salomão (1 Reis 3-4)
   - Salomão pede sabedoria a Deus e é abençoado; sua fama e prosperidade aumentam.

3. Construção do Templo e Palácio (1 Reis 5-7)
   - Salomão constrói o templo em Jerusalém e seu palácio, símbolo do compromisso de Israel com Deus.

4. Dedicatória do Templo (1 Reis 8)
   - Dedicatória do templo e oração de Salomão; a glória de Deus enche o templo.

5. Glória e Riquezas de Salomão (1 Reis 9-10)
   - Salomão alcança o auge do poder e riqueza; visita da rainha de Sabá.

6. Declínio e Idolatria de Salomão (1 Reis 11)
   - Salomão se afasta de Deus e adota práticas idólatras por influência de suas esposas estrangeiras; profecia da divisão do reino.

7. Reinado de Roboão e Divisão do Reino (1 Reis 12)
   - Roboão, filho de Salomão, governa com dureza, levando as tribos do norte a se rebelarem; divisão entre Israel (norte) e Judá (sul).

8. Reinado de Jeroboão e Idolatria no Norte (1 Reis 12-14)
   - Jeroboão estabelece cultos idólatras em Israel para impedir que o povo vá a Jerusalém.

> 9. Conflito entre Israel e Judá (1 Reis 15–16)
> - Rivalidade e conflitos entre os reinos de Israel e Judá, com sucessões de reis e instabilidade.
>
> 10. Elias e o Confronto com Acabe (1 Reis 17–18)
> - Surgimento do profeta Elias e seu confronto com o rei Acabe e os profetas de Baal.
>
> 11. Vitória sobre os Profetas de Baal no Monte Carmelo (1 Reis 18)
> - Elias desafia os profetas de Baal no Monte Carmelo e prova que o Senhor é o verdadeiro Deus.
>
> 12. Fuga de Elias e Encontro com Deus (1 Reis 19)
> - Elias foge de Jezabel e encontra-se com Deus no monte Horebe.
>
> 13. Conflitos com a Síria e Pecados de Acabe (1 Reis 20–22)
> - Acabe enfrenta Ben-Hadade, rei da Síria; profecia contra Acabe por tomar a vinha de Nabote.
>
> 14. Morte de Acabe e Vitória de Josafá (1 Reis 22)
> - Acabe é morto em batalha; Josafá, rei de Judá, governa com fidelidade a Deus.

### O PRIMEIRO LIVRO DE REIS

O livro de 1 Reis começa com a transição de poder de Davi para Salomão. Davi, em seus últimos dias, unge Salomão como seu sucessor, frustrando uma tentativa de Adonias, outro filho de Davi, de assumir o trono. Após a morte de Davi, Salomão estabelece sua autoridade, eliminando opositores e consolidando o reino, seguindo os conselhos de seu pai.

Salomão, conhecido por sua sabedoria, faz uma oração a Deus pedindo entendimento para governar. Deus concede sabedoria e também riquezas e glória, tornando Salomão renomado entre as nações. Sua sabedoria atrai a admiração de todos, e seu reino é abençoado com paz e prosperidade, fortalecendo a identidade de Israel como um reino especial diante de Deus.

Uma das maiores realizações de Salomão é a construção do templo em Jerusalém, um projeto ambicioso que simboliza o centro da adoração a Deus em Israel. Salomão dedica sete anos à construção, usando materiais preciosos e técnicas avançadas para o período. Após a conclusão, o templo é dedicado com uma cerimônia solene, onde a presença de Deus é manifestada, enchendo o templo de glória.

Na cerimônia de dedicação, Salomão faz uma oração pedindo que Deus esteja sempre com Israel e que o templo seja um lugar de comunhão e perdão. Ele ora para que Deus ouça as orações feitas no templo e conceda misericórdia ao povo. Esse momento representa um compromisso renovado com Deus, unindo Israel em torno do templo.

Com o passar do tempo, Salomão se torna o rei mais poderoso de sua época, acumulando riquezas e poder. A visita da rainha de Sabá ilustra a fama de Salomão, pois ela viaja grandes distâncias para testemunhar sua sabedoria. Ela reconhece a grandeza do rei e o abençoa, mostrando como Deus cumpre suas promessas ao exaltar Israel diante das nações.

No entanto, Salomão se desvia ao casar-se com mulheres estrangeiras que introduzem a idolatria em Israel. Ele constrói altares para deuses pagãos e se afasta de sua devoção inicial ao Senhor. Em resposta, Deus profetiza que o reino será dividido após a morte de Salomão, mantendo apenas Judá com seus descendentes.

Após a morte de Salomão, seu filho Roboão assume o trono e governa com dureza, ignorando os conselhos de moderação. Como resultado, as tribos do norte se rebelam, formando o reino de Israel sob a liderança de Jeroboão, enquanto Judá permanece sob o controle de Roboão. Esse evento marca a divisão permanente entre os reinos do norte e do sul.

Jeroboão, no reino do norte, estabelece cultos idólatras para impedir que seu povo vá a Jerusalém. Ele cria santuários e ídolos para afastar as pessoas do verdadeiro culto a Deus. Esse ato leva Israel a um caminho de idolatria que causa distanciamento de Deus e traz sucessivos períodos de instabilidade e conflitos.

Ao longo do livro, vemos rivalidade entre Israel e Judá, com várias dinastias e conflitos entre reis. Enquanto alguns reis buscam obedecer a Deus, muitos se desviam para a idolatria e injustiça. O reino do norte, especialmente, é marcado por instabilidade política e moral, comprometendo sua prosperidade e relação com Deus.

Em meio a esse cenário de decadência, surge o profeta Elias, que se levanta contra o rei Acabe e a rainha Jezabel, conhecidos por sua crueldade e adoração a Baal. Elias realiza milagres e profetiza contra a idolatria, restaurando a fé em Deus. Ele é chamado por Deus para lembrar Israel de seu compromisso com o Senhor e combater a influência de Baal.

No Monte Carmelo, Elias desafia os profetas de Baal em um confronto decisivo. Ele pede que Deus manifeste Seu poder, e o fogo cai do céu, consumindo o sacrifício de Elias. O povo reconhece o Senhor como o verdadeiro Deus, e os profetas de Baal são eliminados. Esse evento reforça a soberania de Deus sobre todas as nações e sobre o povo de Israel.

Apesar dessa vitória, Elias enfrenta perseguição de Jezabel e foge para o deserto. Em um encontro com Deus no monte Horebe, Elias é fortalecido e recebe novas instruções. Esse encontro destaca a presença de Deus mesmo nos momentos de solidão e desânimo, mostrando que Ele nunca abandona Seus profetas.

O rei Acabe também enfrenta conflitos externos, especialmente com a Síria. Ele se opõe a Ben-Hadade, rei da Síria, e recebe orientação divina em algumas batalhas. No entanto, Acabe comete um ato terrível ao tirar a vinha de Nabote, um homem justo, por meio de engano e assassinato, provocando a ira de Deus contra ele.

No fim do livro, Acabe é morto em batalha, conforme a profecia de Elias. Josafá, rei de Judá, continua reinando de forma mais justa e fiel a Deus, contrastando com o mal de Acabe. A morte de Acabe representa o julgamento de Deus sobre a idolatria e a injustiça, reforçando que Ele permanece como juiz e soberano.

O livro de 1 Reis revela a transição de um reino unido e próspero sob Salomão para um reino dividido e enfraquecido pela idolatria e desobediência. Ele mostra que, apesar da glória inicial, a fidelidade a Deus é essencial para a continuidade da bênção. A presença de profetas como Elias reafirma o compromisso de Deus em chamar Seu povo de volta ao arrependimento e à adoração verdadeira.

# 2 Reis

> **Esboço do Livro de 2 Reis**
>
> 1. Transição de Elias para Eliseu (2 Reis 1–2)
>    - Ministério final de Elias, sua ascensão ao céu, e Eliseu assumindo como seu sucessor.
>
> 2. Milagres de Eliseu (2 Reis 3–8)
>    - Eliseu realiza vários milagres, incluindo a multiplicação do azeite, a ressurreição do filho da sunamita, e a cura de Naamã.
>
> 3. Apostasia e Conflitos em Israel (2 Reis 9–10)
>    - Jeú é ungido rei de Israel e executa o julgamento de Deus sobre a casa de Acabe e a adoração a Baal.
>
> 4. O Reinado de Joás e o Declínio Espiritual de Judá e Israel (2 Reis 11–17)
>    - Vários reis sucedem em Judá e Israel, com períodos de decadência espiritual e idolatria, culminando na queda de Israel.
>
> 5. A Queda do Reino do Norte (Israel) (2 Reis 17)
>    - Israel é conquistado pela Assíria devido à sua desobediência e idolatria, resultando na deportação do povo.
>
> 6. Reformas em Judá (Reinados de Ezequias e Josias) (2 Reis 18–23)
>    - Ezequias e Josias tentam restaurar o culto verdadeiro em Judá, realizando reformas e combatendo a idolatria.
>
> 7. Queda de Judá e Cativeiro Babilônico (2 Reis 24–25)
>    - Judá é invadido por Babilônia; Jerusalém e o templo são destruídos, e o povo é levado ao exílio.

## O segundo livro de Reis

O livro de 2 Reis inicia com a transição do ministério profético de Elias para Eliseu. Elias é levado ao céu em um redemoinho, e Eliseu, após testemunhar esse evento, assume como seu sucessor. Eliseu herda o manto e o poder espiritual de Elias, tornando-se um profeta influente em Israel e Judá, realizando milagres e confrontando a idolatria.

Eliseu se destaca por realizar diversos milagres que demonstram o poder de Deus e seu cuidado pelo povo. Ele multiplica o azeite de uma viúva, ressuscita o filho da sunamita, purifica água, alimenta uma multidão e cura Naamã, um comandante sírio leproso. Esses milagres confirmam sua autoridade profética e mostram que Deus ainda está presente, mesmo durante tempos de apostasia.

A idolatria e corrupção continuam a crescer em Israel. Jeú é ungido por Eliseu como rei de Israel com a missão de acabar com a casa de Acabe e erradicar a adoração a Baal. Jeú executa um julgamento severo sobre a dinastia de Acabe, destruindo a casa real e promovendo a purificação de Israel, embora seu zelo não seja suficiente para um retorno duradouro ao Senhor.

Enquanto isso, tanto Israel quanto Judá enfrentam ciclos de decadência espiritual, e os reis sucessivos variam entre obedecer e desobedecer a Deus. O reino do norte (Israel) mergulha na idolatria, enquanto o reino do sul (Judá) experimenta momentos de reforma, seguidos por recaídas na idolatria. A liderança espiritual dos reis e profetas é crucial, mas nem sempre eficaz.

Com o tempo, a decadência em Israel leva à sua destruição. Em resposta à idolatria e desobediência do povo, Deus permite que a Assíria conquiste Israel, resultando na deportação de seus habitantes. Essa queda representa o julgamento divino sobre a idolatria persistente e a rejeição de Deus, marcando o fim do reino do norte.

No reino de Judá, Ezequias, um dos reis justos, tenta restaurar o culto a Deus, iniciando reformas e destruindo ídolos. Ele lidera o povo de volta à fidelidade, purifica o templo e celebra a Páscoa. Quando Judá enfrenta uma ameaça da

Assíria, Ezequias ora a Deus e recebe um milagre: o exército assírio é derrotado. Ezequias permanece um exemplo de fé e confiança em Deus.

Após Ezequias, o reino de Judá se alterna entre períodos de fidelidade e idolatria. Um dos reis posteriores, Josias, promove uma grande reforma religiosa depois de encontrar o Livro da Lei no templo. Ele remove os ídolos, restaura o culto ao Senhor e renova a aliança do povo com Deus. A reforma de Josias é uma tentativa de manter Judá em aliança com o Senhor.

Embora as reformas de Josias sejam significativas, Judá continua a desviar-se de Deus após sua morte. A idolatria se torna endêmica, e o reino de Judá entra em declínio espiritual e político. Profetas como Jeremias advertem sobre o julgamento iminente, mas o povo e seus líderes persistem na rebeldia contra Deus.

No final, Judá é invadido pelo rei Nabucodonosor da Babilônia. Jerusalém é sitiada, e muitos de seus cidadãos são levados cativos. A primeira deportação marca o começo do fim para Judá, pois Deus permite que Babilônia imponha sua dominação sobre eles devido à sua desobediência persistente.

Em uma última tentativa de resistência, Judá novamente desafia Babilônia, mas a rebelião resulta em consequências devastadoras. Jerusalém é destruída e o templo é queimado, marcando o ponto final da autonomia de Judá. A destruição de Jerusalém e do templo representa o julgamento definitivo de Deus sobre a infidelidade do povo.

A população de Judá é deportada para a Babilônia, onde viverão no exílio, separados da Terra Prometida. O exílio é um castigo severo, mas também um tempo de reflexão e arrependimento. Para o povo de Judá, a perda de sua terra e templo representa o rompimento da aliança e uma ruptura com sua identidade espiritual.

O livro de 2 Reis destaca a importância da fidelidade a Deus e das consequências da desobediência. Tanto Israel quanto Judá sofrem as consequências de sua idolatria e corrupção, culminando em sua queda. O ministério de profetas como Eliseu e as reformas de reis como Ezequias e Josias mostram que Deus sempre buscou o arrependimento de seu povo.

A fidelidade de alguns líderes não é suficiente para impedir o declínio espiritual e moral da nação. A história de 2 Reis aponta para a necessidade de uma renovação espiritual que vá além das ações dos líderes e alcance o coração de todo o povo. Mesmo em meio ao julgamento, a presença de profetas e as tentativas de reforma mostram que Deus deseja restaurar Seu povo.

2 Reis termina com o povo de Judá no exílio, mas deixa a esperança de uma restauração futura. Embora o livro finalize com uma nota de julgamento, ele prepara o cenário para o retorno do povo e a renovação da aliança em tempos futuros. A fidelidade de Deus e o chamado ao arrependimento são temas centrais que atravessam o livro, lembrando Israel de seu propósito.

# 1 Crônicas

> ### Esboço do primeiro livro de Crônicas
>
> 1. Genealogias de Israel (1 Crônicas 1-9)
>    - Registro genealógico desde Adão até os descendentes das tribos de Israel, incluindo linhagens sacerdotais e levitas.
>
> 2. A Morte de Saul e o Início do Reinado de Davi (1 Crônicas 10-12)
>    - Relato da morte de Saul e a ascensão de Davi como rei; apoio de diferentes tribos a Davi.
>
> 3. A Arca da Aliança e a Adoração (1 Crônicas 13-16)
>    - Davi traz a arca da aliança a Jerusalém e organiza a adoração e os levitas.
>
> 4. Promessa de Deus para a Casa de Davi (1 Crônicas 17)
>    - Deus faz uma aliança com Davi, prometendo que sua linhagem será estabelecida para sempre.
>
> 5. Conquistas Militares de Davi (1 Crônicas 18-20)
>    - Vitória de Davi sobre nações vizinhas, consolidando e expandindo o reino.
>
> 6. O Censo e a Punição de Davi (1 Crônicas 21)
>    - Davi realiza um censo que desagrada a Deus; como consequência, uma praga aflige Israel.
>
> 7. Preparativos de Davi para o Templo (1 Crônicas 22-29)
>    - Davi organiza materiais e pessoas para a construção do templo, que será edificada por seu filho, Salomão.
>
> 8. Últimas Instruções e a Unção de Salomão (1 Crônicas 28-29)
>    - Davi dá instruções a Salomão e ao povo; Salomão é ungido rei; Davi morre em paz.

## O primeiro livro de Crônicas

O livro de 1 Crônicas inicia com uma extensa genealogia, traçando a história de Israel desde Adão até as tribos de Israel. Esse registro detalhado é um lembrete da herança espiritual do povo de Deus e de Sua fidelidade ao longo das gerações. As genealogias ressaltam as linhagens sacerdotais e levitas, destacando a importância da adoração e do serviço a Deus.

Além das genealogias gerais das tribos de Israel, o autor dá atenção especial à linhagem de Judá e Levi, preparando o cenário para a monarquia e o sacerdócio. A linhagem de Davi e os levitas são fundamentais para entender o foco de Crônicas na centralidade de Jerusalém, o templo e a adoração ao Senhor. A liderança espiritual é reforçada desde as primeiras gerações.

O livro avança rapidamente para o fim do reinado de Saul. Saul morre em batalha contra os filisteus, e sua morte é descrita como um julgamento por sua desobediência a Deus. O trono é, então, transferido para Davi, um homem segundo o coração de Deus, marcando o começo de uma nova era para Israel e sua liderança.

Com a ascensão de Davi, várias tribos vêm para apoiá-lo, e ele é estabelecido como o novo rei de Israel. Crônicas destaca a unidade das tribos em torno de Davi, mostrando o desejo de Deus de ter um povo unido sob uma liderança fiel. Davi começa a estabelecer Jerusalém como a capital espiritual e política do reino.

Um dos primeiros atos de Davi como rei é trazer a arca da aliança para Jerusalém, pois ele deseja que a presença de Deus esteja no centro da vida de Israel. Em uma celebração pública, ele organiza os levitas para servir na adoração, cantando louvores e louvando ao Senhor. A arca em Jerusalém simboliza a união entre o rei e a presença de Deus entre o povo.

Davi planeja construir um templo permanente para Deus, mas é informado pelo profeta Natã que não será ele quem o edificará, mas sim seu filho, Salomão. Deus, então, faz uma aliança com Davi, prometendo que sua linhagem será eterna. Essa promessa é central para o propósito de Crônicas, enfatizando o papel de Davi como o precursor de uma dinastia que culminará no Messias.

Davi realiza diversas campanhas militares para expandir e consolidar o reino, obtendo vitórias significativas sobre nações vizinhas. Essas conquistas mostram que Deus está com ele e abençoa Israel quando o povo permanece fiel. O reino atinge uma época de prosperidade e estabilidade, criando as condições necessárias para a construção futura do templo. No entanto, Davi comete um erro ao realizar um censo do povo, o que desagrada a Deus. Como consequência, uma praga é enviada sobre Israel. Davi se arrepende sinceramente e intercede pelo povo, e a praga é interrompida após ele oferecer um sacrifício. Esse episódio reforça a importância da humildade e da confiança em Deus.

Após o censo, Davi se dedica aos preparativos para o templo, reunindo materiais e designando funções para a construção que seu filho Salomão liderará. Ele organiza os levitas, os músicos e os sacerdotes para a adoração, estabelecendo uma estrutura para o serviço contínuo no templo. A preparação cuidadosa de Davi revela seu compromisso com a adoração.

Davi dá instruções específicas a Salomão para que ele siga a Deus com integridade e complete a construção do templo. Ele orienta o povo de Israel a permanecer fiel ao Senhor, lembrando que a prosperidade de Israel depende da obediência à aliança. Salomão é incentivado a ser corajoso e a confiar em Deus enquanto assume essa grande responsabilidade.

Em uma cerimônia pública, Davi apresenta as provisões para o templo e encoraja a generosidade do povo para apoiar a construção. O povo contribui generosamente, mostrando sua devoção a Deus e seu apoio à visão de Davi para um lugar de adoração permanente. Esse espírito de união e generosidade reflete o fervor espiritual de Israel.

Davi convoca uma grande assembleia para ungir Salomão como rei e, em um discurso final, exorta Israel a buscar ao Senhor. Ele reafirma a importância de obedecer à Lei de Deus e de honrar o pacto com Ele. Salomão é ungido publicamente e recebe a bênção de Davi e do povo, marcando a transição oficial de poder.

O livro encerra com a morte de Davi, que é descrito como um rei fiel e justo que cumpriu seu chamado. Sua vida é celebrada como um exemplo de devoção a Deus e como o ponto alto da história de Israel. Com sua morte, Salomão assume plenamente o trono e continua o legado de seu pai.

1 Crônicas apresenta Davi como o modelo ideal de um rei segundo o coração de Deus, enfatizando sua dedicação ao Senhor e ao templo. A construção do templo se torna o símbolo central da aliança de Deus com Israel, e a linhagem davídica é vista como um canal de bênção para o povo de Deus. O reino de Davi aponta para o papel redentor do Messias.

O livro de 1 Crônicas nos ensina sobre a importância da centralidade de Deus na liderança e na adoração. Ele destaca que o sucesso de Israel depende de sua fidelidade a Deus e que a linhagem de Davi é parte do plano divino. O templo e a aliança são temas centrais, e a fidelidade de Davi a esses elementos define o curso de Israel e o propósito do povo escolhido.

# 2 Crônicas

## Esboço do segundo livro de Crônicas

1. Reinado de Salomão e Construção do Templo (2 Crônicas 1–9)
   - Sabedoria e prosperidade de Salomão, construção e dedicação do templo, visita da rainha de Sabá e morte de Salomão.

2. Divisão do Reino e Reinado de Roboão (2 Crônicas 10–12)
   - Reino dividido após a morte de Salomão; Roboão governa Judá enquanto Jeroboão lidera Israel.

3. Reinado de Asa e Reforma Espiritual (2 Crônicas 14–16)
   - Asa lidera uma reforma espiritual e busca a Deus, mas termina seu reinado confiando em alianças políticas.

4. Reinado de Josafá e Aliança com Deus (2 Crônicas 17–20)
   - Josafá promove o ensino da Lei e lidera uma defesa bem-sucedida contra invasores ao confiar em Deus.

5. Apostasia dos Reis de Judá (2 Crônicas 21–24)
   - Jeorão, Acazias e Atalia lideram Judá em períodos de idolatria e violência, até a restauração com o rei Joás.

6. Reformas Religiosas e Reinos Fieis (2 Crônicas 25–28)
   - Vários reis, incluindo Amazias e Uzias, alternam períodos de fidelidade e idolatria, culminando no reinado idólatra de Acaz.

7. Reformas de Ezequias (2 Crônicas 29–32)
   - Ezequias restaura o templo, celebra a Páscoa e resiste ao cerco assírio, confiando na ajuda de Deus.

8. Reinado de Manassés e Arrependimento (2 Crônicas 33)
   - Manassés promove idolatria, mas depois se arrepende e tenta restaurar a adoração a Deus.

9. Reformas de Josias e Encontro com a Lei (2 Crônicas 34–35)
   - Josias encontra o Livro da Lei, faz uma reforma significativa e renova a aliança com Deus.

A Bíblia - Manual de Estudo

> 10. Queda de Judá e Cativeiro Babilônico (2 Crônicas 36)
> - Fim do reino de Judá, destruição de Jerusalém pelo exército babilônico, e exílio do povo.

## O SEGUNDO LIVRO DE CRÔNICAS

O livro de 2 Crônicas começa com o reinado de Salomão, enfatizando sua sabedoria e riqueza, que são dons de Deus. Salomão recebe o comando de construir o templo em Jerusalém, cumprindo o desejo de seu pai, Davi. A construção é concluída com grande esplendor, e o templo se torna o centro da adoração em Israel, simbolizando a presença de Deus entre o povo.

Salomão dedica o templo com uma oração poderosa, pedindo a Deus que ouça as orações feitas ali e que perdoe o povo quando se arrepender de seus pecados. Deus responde, confirmando que escolheu o templo como lugar de Sua presença, mas também adverte que a desobediência levará à destruição. Este momento marca o ápice espiritual do reino unificado de Israel.

Após a morte de Salomão, o reino se divide entre Judá e Israel. Roboão, filho de Salomão, governa Judá, mas sua decisão de liderar com dureza leva as tribos do norte a se rebelarem sob Jeroboão. Essa divisão marca o começo de um período de instabilidade e divisão, onde Judá e Israel seguem caminhos espirituais distintos.

O reinado de Asa em Judá é caracterizado por uma reforma religiosa significativa. Asa busca a Deus de forma fiel, eliminando ídolos e restaurando o culto ao Senhor. No entanto, ao final de seu reinado, ele confia em alianças políticas em vez de buscar a Deus, demonstrando a luta constante entre a fé e as tentativas humanas de controlar o destino.

Josafá, outro rei de Judá, é conhecido por sua fidelidade a Deus. Ele promove o ensino da Lei em todo o reino e, em tempos de invasão, convoca o povo a jejuar e orar. Pela confiança em Deus, Judá é milagrosamente protegido de seus inimigos. A liderança de Josafá ilustra o poder da fé e a proteção divina para aqueles que obedecem ao Senhor.

Após Josafá, os reis Jeorão, Acazias e Atalia conduzem Judá à idolatria e à violência. Atalia, em particular, usurpa o trono e promove o culto a Baal até ser deposta. No entanto, o rei Joás é restaurado e conduz uma reforma no templo, trazendo Judá de volta ao culto a Deus. Essa alternância entre fidelidade e apostasia é uma constante na história de Judá.

Os reinados de Amazias e Uzias são períodos de prosperidade e sucesso, mas também de instabilidade espiritual. Enquanto Uzias tem um reinado bem-sucedido, ele é punido por tentar queimar incenso no templo, algo reservado aos sacerdotes. Esses reinados refletem os desafios de reinos prósperos que se esquecem de Deus quando tudo parece estar indo bem.

No entanto, Acaz, rei de Judá, é um dos reis mais idólatras, e sob seu governo, o reino mergulha na adoração pagã. Ele fecha as portas do templo e sacrifica aos deuses estrangeiros. Esse período sombrio enfraquece a nação, e Judá experimenta uma sucessão de derrotas, enfatizando a relação entre fidelidade e prosperidade.

Ezequias, um dos reis mais fiéis, inicia uma reforma religiosa, restaurando o templo e convidando o povo a celebrar a Páscoa. Quando a Assíria ameaça Judá, Ezequias busca ajuda de Deus, e um milagre acontece: o exército assírio é derrotado. Ezequias demonstra o poder da confiança e da obediência a Deus em tempos de crise.

Manassés, filho de Ezequias, introduz práticas idólatras extremas em Judá, mas, após ser levado ao cativeiro, ele se arrepende e retorna a Deus. Em resposta ao arrependimento sincero de Manassés, Deus o restaura. Esse episódio ilustra a misericórdia divina e a possibilidade de arrependimento, mesmo para os reis que se desviam profundamente.

Josias, um rei jovem e fiel, descobre o Livro da Lei no templo e lidera uma reforma espiritual significativa. Ele purifica o templo, destrói ídolos e renova a aliança com Deus, convocando o povo a obedecer às leis do Senhor. Josias traz um reavivamento espiritual a Judá, mostrando que o retorno à Palavra de Deus sempre traz renovação.

Após a morte de Josias, Judá retorna à idolatria e entra em declínio. Os reis que o sucedem, incluindo Jeoaquim e Zedequias, não seguem a Deus, e Judá enfrenta a ira de Deus. Apesar dos avisos dos profetas, o povo persiste na idolatria, e Judá se torna vulnerável às ameaças de Babilônia.

Judá é finalmente conquistada pelos babilônios, e Jerusalém é destruída. O templo, símbolo da presença de Deus, é queimado, e o povo é levado ao exílio. Esse evento representa o cumprimento das advertências de Deus e o fim de Judá como nação autônoma, consequência de sua desobediência persistente.

O livro de 2 Crônicas termina com a queda de Judá e o cativeiro babilônico, mas há uma nota de esperança. O rei Ciro da Pérsia decreta a libertação dos exilados e permite que eles retornem para reconstruir o templo. Essa promessa de restauração aponta para a fidelidade de Deus em preservar Seu povo, mesmo após o julgamento.

2 Crônicas enfatiza a importância da fidelidade a Deus e a centralidade do templo e da adoração. O destino de Judá depende de sua obediência, e cada rei é avaliado por sua fidelidade ao Senhor. Embora o livro termine com o exílio, ele aponta para a esperança de restauração e para o contínuo amor de Deus por Seu povo.

# ESDRAS

## ESBOÇO DO LIVRO DE ESDRAS

1. Edito de Ciro e o Retorno do Primeiro Grupo (Esdras 1–2)
   - Decreto de Ciro permitindo o retorno dos judeus para Jerusalém; lista dos que retornam sob a liderança de Zorobabel.

2. Reconstrução do Altar e do Templo (Esdras 3–4)
   - Construção do altar, celebração das festas e início da reconstrução do templo; oposição de inimigos que interrompem a obra.

3. Recomeço da Construção do Templo (Esdras 5–6)
   - Profetas Ageu e Zacarias incentivam a retomada da obra; confirmação do decreto de Ciro e conclusão do templo.

4. Retorno de Esdras e Reforma Espiritual (Esdras 7–8)
   - Esdras, sacerdote e escriba, retorna com um segundo grupo e lidera uma reforma espiritual em Jerusalém.

5. O Pecado do Casamento com Estrangeiras e a Confissão (Esdras 9–10)
   - Esdras confronta o problema de casamentos com estrangeiras e convoca o povo ao arrependimento e separação.

## O LIVRO DE ESDRAS

O livro de Esdras começa com o edito de Ciro, rei da Pérsia, permitindo que os judeus exilados em Babilônia retornem a Jerusalém. Ciro declara que Deus o incumbiu de reconstruir o templo em Jerusalém, e encoraja o povo a voltar e a participar dessa missão sagrada. A restauração do templo simboliza a renovação da fé e da identidade do povo de Israel após anos de exílio.

Sob a liderança de Zorobabel, um descendente de Davi, um grupo significativo de judeus retorna a Jerusalém. Esdras registra os nomes dos que voltam, enfatizando a importância da continuidade das tribos e famílias de Israel. O retorno marca o início de uma nova fase de esperança, onde o povo pode recomeçar e adorar a Deus na terra de seus antepassados.

A primeira tarefa dos que retornam é reconstruir o altar para oferecer sacrifícios. Eles celebram a Festa dos Tabernáculos, expressando gratidão a Deus e demonstrando o desejo de restaurar suas práticas religiosas. A construção do templo é iniciada, e a fundação é estabelecida, resultando em um momento de alegria e adoração, com o povo louvando a Deus.

Entretanto, a reconstrução do templo encontra resistência dos povos vizinhos, que não querem ver o fortalecimento de Jerusalém. Esses inimigos enviam cartas ao rei da Pérsia, acusando os judeus de planejar uma rebelião. A construção é interrompida, e o povo é forçado a esperar pela permissão para continuar. Esse período de oposição e espera testa a paciência e a fé dos judeus.

Os profetas Ageu e Zacarias se levantam para encorajar o povo a retomar a construção do templo, enfatizando que a obra de Deus não deve ser paralisada pelas dificuldades. Inspirados por essa mensagem, o povo retoma a obra. Governantes locais questionam a autoridade dos judeus para reconstruir, mas, após investigar o decreto de Ciro, o rei Dario autoriza que o trabalho continue.

Com o apoio de Dario, o templo é finalmente concluído e dedicado a Deus. O povo celebra com alegria e oferta sacrifícios, marcando o retorno da adoração centralizada em Jerusalém. A restauração do templo é um momento de renovação espiritual para o povo, que agora tem um local sagrado para se encontrar com Deus e buscar Sua orientação.

Anos depois, Esdras, um sacerdote e escriba, recebe a permissão do rei Artaxerxes para retornar a Jerusalém com outro grupo de judeus. Esdras é encarregado de ensinar a Lei de Deus e de trazer reformas espirituais ao povo. Ele é um líder zeloso que busca a obediência à Lei e se compromete com a pureza e fidelidade espiritual de Israel.

Ao chegar a Jerusalém, Esdras encontra a comunidade praticando casamentos com povos estrangeiros, o que vai contra a Lei de Moisés. Ele reconhece que esses casamentos podem comprometer a pureza religiosa de Israel e se opõe fortemente a essa prática. Esdras ora a Deus, confessando o pecado do povo e lamentando que Israel tenha se desviado mais uma vez.

Esdras convoca uma assembleia pública e desafia o povo a se arrepender e a tomar medidas para restaurar sua fidelidade a Deus. Os líderes da comunidade concordam em tomar ações para corrigir a situação. Esse compromisso de arrependimento marca um novo começo, no qual o povo se compromete a obedecer às leis divinas.

O livro de Esdras destaca a importância da obediência à Lei e da pureza espiritual. Esdras acredita que, para que o povo de Israel prospere e permaneça na terra, ele deve seguir a aliança com Deus. Os casamentos com estrangeiros, que poderiam levar o povo à idolatria, são um risco para a identidade espiritual de Israel e são tratados com seriedade.

Esdras estabelece um sistema para investigar os casamentos e determinar os passos para a separação. O processo é longo e doloroso, mas é visto como necessário para restaurar a relação do povo com Deus. Essa ação mostra o compromisso de Esdras com a fidelidade à Lei, mesmo quando exige sacrifícios difíceis para a comunidade.

O livro termina com a separação dos casamentos mistos e a reafirmação da identidade e do compromisso espiritual de Israel. Esse momento de confissão e arrependimento fortalece a dedicação do povo à aliança com Deus. Esdras estabelece um padrão de zelo e obediência que influencia a identidade espiritual de Israel.

Esdras enfatiza a importância da liderança espiritual e da dedicação à Palavra de Deus para restaurar e manter a identidade de Israel. Seu compromisso com a Lei de Moisés e com a pureza espiritual do povo serve como um exemplo para futuras gerações. O livro de Esdras mostra que o retorno a Deus e a obediência à Sua Palavra são essenciais para a restauração e o sucesso de Israel.

# NEEMIAS

## ESBOÇO DO LIVRO DE NEEMIAS

1. Chamado de Neemias e Permissão de Artaxerxes (Neemias 1–2)
   - Neemias, um oficial judeu na corte persa, ora a Deus e recebe permissão do rei Artaxerxes para reconstruir os muros de Jerusalém.

2. Reconstrução dos Muros de Jerusalém (Neemias 3–4)
   - Neemias organiza o povo para reconstruir os muros; enfrenta oposição e ameaças de inimigos externos.

3. Problemas Internos e Reforma Social (Neemias 5)
   - Neemias combate a exploração dos pobres pelos ricos e promove reformas para proteger os vulneráveis.

4. Conspirações contra Neemias e Conclusão da Obra (Neemias 6)
   - Inimigos conspiram para intimidar Neemias; os muros são concluídos em tempo recorde.

5. Registro dos Retornados e Repovoamento de Jerusalém (Neemias 7)
   - Neemias registra a genealogia dos que voltaram do exílio e organiza o repovoamento da cidade.

6. Leitura da Lei e Renovação da Aliança (Neemias 8–10)
   - Esdras lê a Lei para o povo; há arrependimento e renovação da aliança com Deus.

7. Dedicação dos Muros e Reorganização Religiosa e Social (Neemias 11–13)
   - Dedicação dos muros, designação de líderes religiosos e reforma final de Neemias contra práticas idólatras.

## O Livro de Neemias

O livro de Neemias começa com o relato de Neemias, um judeu que ocupa uma posição de confiança na corte do rei Artaxerxes, na Pérsia. Ao ouvir notícias de que os muros de Jerusalém estão em ruínas, ele fica profundamente angustiado e ora a Deus, pedindo ajuda para restaurar a cidade. Deus responde a sua oração, e Neemias recebe a permissão do rei para retornar e liderar a reconstrução.

Ao chegar em Jerusalém, Neemias avalia a situação e rapidamente organiza o povo para a reconstrução dos muros. Ele divide o trabalho entre famílias e clãs, designando uma seção específica para cada grupo, o que incentiva um esforço coletivo. Essa estratégia mostra a importância da unidade e do trabalho em equipe para restaurar a proteção da cidade.

Enquanto o povo trabalha, Neemias enfrenta oposição de líderes vizinhos como Sambalate e Tobias, que zombam e ameaçam os judeus. Apesar das ameaças, Neemias encoraja o povo a continuar, organizando equipes para trabalharem com ferramentas em uma mão e armas na outra. A coragem e a determinação de Neemias mantêm o projeto em andamento, demonstrando sua confiança em Deus.

Neemias também enfrenta problemas internos ao perceber que os pobres estão sendo explorados pelos ricos, com muitos tendo que vender suas propriedades e até se tornarem escravos para sobreviver. Indignado, Neemias confronta os ricos e implementa reformas sociais para aliviar a carga sobre os menos favorecidos. Sua ação inspira o povo a tratar uns aos outros com justiça e compaixão.

Os inimigos de Neemias continuam a conspirar para interromper a obra, enviando cartas e ameaças para intimidá-lo. Em uma ocasião, tentam atrair Neemias para uma armadilha, mas ele recusa e mantém o foco na obra. Finalmente, a reconstrução dos muros é concluída em apenas 52 dias, um feito extraordinário que gera admiração e respeito.

Com os muros completos, Neemias organiza o repovoamento de Jerusalém, incentivando as famílias a se estabelecerem na cidade para fortalecer sua defesa e assegurar sua prosperidade. Ele também registra a genealogia dos que retornaram do exílio, destacando a continuidade do povo de Deus e a importância de preservar a identidade nacional e religiosa de Israel.

Em um momento espiritual marcante, Esdras, o sacerdote e escriba, lê a Lei de Moisés para o povo reunido em Jerusalém. A leitura inspira arrependimento e adoração, e o povo celebra a Festa dos Tabernáculos em comunhão, renovando seu compromisso com Deus. Esse evento revitaliza a fé de Israel e destaca a centralidade da Palavra de Deus.

O povo de Israel faz uma renovação da aliança com Deus, comprometendo-se a seguir a Lei e a evitar alianças com povos estrangeiros. Eles também se comprometem a honrar o sábado, a sustentar o templo e a observar os mandamentos de Deus. Essa renovação da aliança reflete o desejo sincero de obediência e pureza espiritual.

Neemias e os líderes dedicam os muros de Jerusalém em uma cerimônia alegre, com cânticos e celebração, simbolizando a restauração física e espiritual da cidade. A dedicação dos muros representa o compromisso renovado de Israel de proteger e servir a Deus, mantendo Sua presença no centro da vida da comunidade.

Neemias implementa reformas religiosas e sociais, reorganizando os serviços do templo e designando levitas, sacerdotes e guardas para preservar a pureza da adoração. Ele assegura que os recursos sejam usados para sustentar aqueles que servem no templo e garantir a continuidade do culto a Deus.

Após algum tempo fora, Neemias retorna a Jerusalém e encontra o povo se desviando da aliança, com práticas idólatras e casamentos com estrangeiros. Ele age rapidamente para corrigir essas falhas, expulsando estrangeiros dos postos de autoridade e restaurando a observância da Lei. Sua intervenção visa preservar a santidade do povo e a fidelidade a Deus.

Neemias combate o comércio no sábado, repreendendo os mercadores e estabelecendo portões fechados para impedir o trabalho no dia sagrado. Ele também reprime a prática de casamentos mistos, que ameaçam a pureza espiritual de Israel, e instrui o povo a permanecer fiel à Lei de Deus. Essas reformas são um esforço final para manter a aliança com Deus.

O livro de Neemias termina com a dedicação e o compromisso de Neemias em manter a fidelidade a Deus e a obediência ao pacto de Israel com o Senhor. Neemias demonstra um zelo pela pureza espiritual e pela integridade da nação, deixando um exemplo de liderança dedicada e um legado de renovação e fidelidade.

O livro de Neemias é uma lição sobre a importância da oração, da liderança e da fidelidade a Deus. Neemias restaura os muros físicos de Jerusalém e, ao mesmo tempo, trabalha para fortalecer os muros espirituais da comunidade. Sua história nos lembra que a reconstrução e a renovação espiritual são fundamentais para que o povo de Deus prospere e permaneça em aliança com Ele.

# ESTER

## ESBOÇO DO LIVRO DE ESTER

1. Banquete do Rei e Deposição da Rainha Vasti (Ester 1)
   - O rei Assuero realiza um grande banquete e, após a desobediência de Vasti, a depõe como rainha.

2. Escolha de Ester como Rainha (Ester 2)
   - O rei busca uma nova rainha, e Ester, uma jovem judia, é escolhida para ocupar o posto.

3. A Conspiração contra o Rei e a Lealdade de Mordecai (Ester 2)
   - Mordecai, primo de Ester, descobre uma conspiração para matar o rei e denuncia o complô.

4. A Ascensão de Hamã e o Decreto contra os Judeus (Ester 3)
   - Hamã, promovido no palácio, é ofendido por Mordecai e convence o rei a decretar a destruição dos judeus.

5. Apelo de Mordecai e Risco de Ester (Ester 4)
   - Mordecai pede a Ester que interceda pelo povo judeu; Ester arrisca sua vida ao se apresentar ao rei sem ser chamada.

6. Primeiro Banquete de Ester (Ester 5)
   - Ester convida o rei e Hamã para um banquete, adiando seu pedido para um segundo banquete.

7. A Honra de Mordecai (Ester 6)
   - O rei descobre a lealdade de Mordecai e o honra publicamente, frustrando as intenções de Hamã.

8. Segundo Banquete e Exposição do Plano de Hamã (Ester 7)
   - Ester revela sua identidade e denuncia o plano de Hamã contra os judeus; Hamã é executado.

9. Novo Decreto a Favor dos Judeus (Ester 8)
   - Ester e Mordecai conseguem a permissão do rei para que os judeus se defendam.

> 10. Vitória dos Judeus sobre os Inimigos (Ester 9:1–17)
> - Os judeus triunfam sobre seus inimigos, defendendo-se com sucesso.
>
> 11. Instituição da Festa de Purim (Ester 9:18–32)
> - A vitória é celebrada e o festival de Purim é instituído como um memorial anual.
>
> 12. Posição e Honra de Mordecai (Ester 10)
> - Mordecai se torna grande no reino e continua a trabalhar pelo bem-estar de seu povo.

## O Livro de Ester

O livro de Ester começa com o rei Assuero (ou Xerxes) dando um grande banquete no qual exibe sua riqueza e poder. Durante o evento, ele ordena que a rainha Vasti apareça para exibir sua beleza, mas ela recusa, desobedecendo ao rei. Como resultado, Vasti é deposta, e o rei inicia a busca por uma nova rainha, desencadeando uma série de eventos que mudará o destino dos judeus na Pérsia.

Entre as jovens escolhidas para se apresentarem ao rei está Ester, uma judia criada por seu primo Mordecai. Ester é escolhida como a nova rainha por sua beleza e graça, embora sua origem judia permaneça em segredo. A ascensão de Ester ao trono é uma oportunidade providencial, pois ela ocupa uma posição de influência em um momento crucial para seu povo.

Mordecai, primo e tutor de Ester, descobre uma conspiração para assassinar o rei e informa Ester, que alerta o rei em nome de Mordecai. A lealdade de Mordecai é registrada nos anais do reino, mas ele não é recompensado imediatamente. Esse ato, porém, torna-se essencial para a futura reviravolta da história, pois preserva a vida do rei.

Hamã, um alto oficial do reino, é promovido a uma posição de prestígio, mas fica furioso quando Mordecai se recusa a se curvar diante dele. Em vingança, Hamã convence o rei a emitir um decreto que autoriza a destruição de todos os judeus no império. Sem saber que a rainha Ester é judia, o rei concede o pedido de Hamã, e uma data é marcada para o extermínio.

Ao saber do decreto, Mordecai fica profundamente angustiado e pede a Ester que interceda em favor de seu povo. Ester inicialmente hesita, pois sabe que se apresentar ao rei sem ser chamada pode resultar em sua execução. No entanto, após um momento de reflexão e encorajamento de Mordecai, ela decide arriscar sua vida, declarando: "Se perecer, pereci."

Ester se apresenta ao rei e, em vez de fazer seu pedido de imediato, o convida, junto com Hamã, para um banquete. No primeiro banquete, Ester adia seu pedido, convidando o rei e Hamã para um segundo banquete no dia seguinte. Essa estratégia aumenta a tensão e prepara o cenário para a revelação final de Ester.

Naquela noite, o rei não consegue dormir e, ao consultar os registros do reino, lembra-se da lealdade de Mordecai em expor a conspiração contra sua vida. Para honrar Mordecai, o rei pede a Hamã que organize uma cerimônia pública para homenageá-lo, frustrando assim o desejo de Hamã de prejudicar Mordecai.

No segundo banquete, Ester revela sua identidade judaica e expõe o plano de Hamã contra seu povo. Ela implora ao rei que poupe sua vida e a vida de seu povo, denunciando Hamã como o responsável pela trama. Enfurecido, o rei ordena a execução de Hamã, que é enforcado na mesma forca que havia preparado para Mordecai.

Após a execução de Hamã, Ester e Mordecai buscam uma forma de revogar o decreto contra os judeus. O rei concede a Mordecai autoridade para emitir um novo decreto, permitindo que os judeus se defendam de seus inimigos. Essa permissão muda a maré a favor dos judeus, dando-lhes uma chance de se protegerem.

Quando o dia do decreto original chega, os judeus, com a permissão do rei, se defendem com sucesso e vencem seus inimigos. A vitória é celebrada com grande alegria e representa a reversão completa do plano de Hamã. Os judeus se tornam mais fortes e são respeitados em toda a província persa.

A vitória dos judeus é então comemorada com a instituição do festival de Purim. Este festival se torna uma celebração anual para relembrar o livramento dos judeus e a providência divina. Purim é marcado pela leitura do livro de Ester, festas, presentes e caridade, unindo a comunidade judaica em gratidão e celebração.

O livro termina destacando a posição de Mordecai, que se torna uma figura de grande respeito e poder no reino persa. Como conselheiro do rei, ele continua a trabalhar pelo bem-estar dos judeus, garantindo-lhes segurança e prosperidade. Sua ascensão é uma prova da fidelidade de Deus e do impacto de uma liderança justa.

O livro de Ester é uma história de coragem, fé e providência divina, onde Deus usa pessoas comuns em posições estratégicas para salvar Seu povo. Embora o nome de Deus não seja mencionado no livro, Sua presença é sentida em cada evento e decisão. Ester e Mordecai exemplificam a coragem e a fé que resultam em transformação e livramento, inspirando gerações futuras.

# Jó

## Esboço do Livro de Jó

1. Introdução e Provações de Jó (Jó 1–2)
   - Jó, um homem justo, sofre a perda de seus bens, filhos e saúde, em um teste de sua fé.

2. Primeiro Ciclo de Diálogos (Jó 3–14)
   - Jó lamenta sua situação; seus amigos Elifaz, Bildade e Zofar tentam explicar seu sofrimento.

3. Segundo Ciclo de Diálogos (Jó 15–21)
   - Os amigos de Jó insistem que ele deve ter pecado; Jó defende sua integridade e questiona o propósito de seu sofrimento.

4. Terceiro Ciclo de Diálogos (Jó 22–27)
   - Os amigos acusam Jó de forma mais severa; Jó reafirma sua inocência e busca respostas de Deus.

5. Poema sobre a Sabedoria (Jó 28)
   - Jó reflete sobre a natureza da verdadeira sabedoria, que vem somente de Deus.

6. Monólogo de Jó sobre sua Justiça e seu Lamento (Jó 29–31)
   - Jó relembra seu passado abençoado, lamenta sua situação e faz um apelo final à sua integridade.

7. Discursos de Eliú (Jó 32–37)
   - Eliú, um jovem espectador, propõe uma perspectiva diferente sobre o sofrimento e a justiça de Deus.

8. Resposta de Deus a Jó (Jó 38–41)
   - Deus fala a partir de um redemoinho, revelando Sua sabedoria e poder e questionando a compreensão de Jó.

9. Restauração de Jó (Jó 42)
   - Jó se humilha diante de Deus; sua saúde, família e posses são restauradas em dobro.

## O Livro de Jó

O livro de Jó começa com a introdução de Jó, um homem justo e rico que vive em Uz. Ele é descrito como íntegro e temente a Deus, abençoado com família e prosperidade. Em uma reunião celestial, Satanás desafia a fidelidade de Jó, sugerindo que ele só adora a Deus por causa de suas bênçãos. Deus permite que Satanás teste Jó, mas proíbe que ele tire sua vida.

Satanás começa a afligir Jó, primeiro tirando-lhe todos os bens e matando seus filhos, e depois atacando sua saúde com dolorosas feridas. Mesmo em meio a essas perdas terríveis, Jó não amaldiçoa a Deus. Ele sofre em silêncio, lamentando sua dor e se perguntando sobre o motivo de seu sofrimento, mas mantém sua integridade.

Três amigos de Jó — Elifaz, Bildade e Zofar — vêm para consolá-lo, mas logo começam a debater o motivo de sua angústia. Eles acreditam que o sofrimento de Jó é uma punição por algum pecado oculto. No primeiro ciclo de diálogos, Elifaz argumenta que Deus recompensa os justos e pune os ímpios, sugerindo que Jó deveria confessar e se arrepender.

Jó, no entanto, defende sua inocência e argumenta que os justos também podem sofrer. Ele expressa sua frustração e confusão, questionando por que Deus permitiria que uma pessoa justa enfrentasse tanto sofrimento. Ele lamenta seu estado e deseja entender o propósito de sua aflição, recusando-se a aceitar que seu sofrimento é resultado de pecado pessoal.

No segundo ciclo de diálogos, os amigos de Jó tornam-se mais críticos. Bildade afirma que Deus é justo e que o sofrimento é sempre uma consequência do pecado. Zofar sugere que Jó merece ainda mais castigo. Jó continua a manter sua inocência e critica seus amigos por sua falta de compaixão e julgamento precipitado.

À medida que o terceiro ciclo de diálogos começa, a tensão aumenta. Elifaz acusa Jó diretamente de vários pecados imaginários, enquanto Jó mantém que ele não cometeu nenhuma transgressão para merecer tal sofrimento. Ele expressa o desejo de poder apresentar seu caso diretamente a Deus, pedindo explicações sobre sua dor e sofrimento.

Após os diálogos com os amigos, Jó reflete sobre a sabedoria e sua origem. No capítulo 28, ele descreve a sabedoria como algo que o homem não pode alcançar sozinho e que apenas Deus possui plenamente. Ele reconhece que o temor de Deus é o verdadeiro princípio da sabedoria, apontando para a limitação humana na compreensão dos mistérios de Deus.

Em um discurso tocante, Jó lembra seu passado abençoado, quando era respeitado e vivia em prosperidade. Ele lamenta sua situação atual e reafirma sua integridade, apelando para que Deus reconheça sua justiça. Jó expressa sua tristeza por ter perdido sua posição e por ser alvo de desprezo e desprezo.

Eliú, um jovem espectador dos diálogos, intervém com uma nova perspectiva sobre o sofrimento de Jó. Ele sugere que o sofrimento pode ser um meio de disciplina ou de refinamento, e que Deus pode permitir aflições para corrigir e purificar uma pessoa. Eliú argumenta que Deus é justo e soberano e que Seu conhecimento transcende o entendimento humano.

Finalmente, Deus responde a Jó a partir de um redemoinho, questionando-o sobre as maravilhas da criação e Sua soberania sobre todas as coisas. Deus revela a complexidade do universo, destacando que Jó não tem o poder ou conhecimento para entender plenamente os planos divinos. Essa resposta não oferece uma explicação direta, mas mostra a vastidão da sabedoria e poder de Deus.

Confrontado com a grandeza de Deus, Jó reconhece sua própria limitação e se humilha, confessando que falou sem entendimento. Ele se arrepende de sua atitude e reconhece que a sabedoria e os caminhos de Deus são incompreensíveis para a mente humana. A resposta de Deus leva Jó a uma compreensão mais profunda da soberania divina.

Em resposta à humildade de Jó, Deus repreende os amigos dele por suas acusações injustas e declara que Jó falou o que era certo sobre Ele. Deus instrui os amigos a oferecerem sacrifícios e pede que Jó ore por eles. Esse ato restaura a amizade e reafirma a fidelidade de Jó a Deus, mesmo diante de seus críticos.

No final do livro, Deus restaura a vida de Jó, dobrando suas posses e dando-lhe novos filhos. Ele vive uma vida longa e próspera, vendo até a quarta geração de sua família. A restauração de Jó simboliza a recompensa pela perseverança na fé e a confiança na justiça de Deus, mesmo quando os motivos do sofrimento permanecem misteriosos.

O livro de Jó ensina sobre a soberania de Deus, a limitação do entendimento humano e o valor da fé em meio ao sofrimento. Jó demonstra que a devoção a Deus não depende de bênçãos materiais e que a verdadeira sabedoria é confiar em Deus, mesmo quando Sua vontade é incompreensível. A história de Jó nos lembra da importância da humildade e da confiança em Deus, que governa com justiça e amor além de nossa compreensão.

# SALMOS

## ESBOÇO DO LIVRO DOS SALMOS

1. Introdução ao Louvor e Sabedoria (Salmos 1–2)
   - Contraste entre o justo e o ímpio e a importância da confiança em Deus.

2. Lamentos Individuais e Confiança em Deus (Salmos 3–41)
   - Salmos de Davi expressando lamento, arrependimento, e confiança na proteção de Deus.

3. Salmos de Adoração e Ação de Graças (Salmos 42–72)
   - Salmos sobre a sede de Deus, o louvor ao Seu poder e orações de gratidão.

4. Salmos de Sabedoria e Reflexão (Salmos 73–89)
   - Reflexões sobre a justiça divina, o propósito de Deus e o sofrimento do justo.

5. Hinos de Louvor e Exaltação ao Rei (Salmos 90–106)
   - Louvores à majestade de Deus, Sua criação e Seu cuidado pelo Seu povo.

6. Salmos de Peregrinação e Louvor Nacional (Salmos 107–150)
   - Cânticos de peregrinação, celebrações da fidelidade de Deus e hinos de louvor nacional.

## O LIVRO DOS SALMOS

O livro de Salmos abre com um contraste entre o justo e o ímpio, oferecendo uma visão de vida centrada na Lei de Deus. Salmo 1 exalta a bênção daquele que medita na Lei do Senhor, enquanto o Salmo 2 fala sobre a soberania de Deus e Seu Rei ungido. Esses temas estabelecem a base para a confiança e adoração que permeiam o restante do livro.

Salmos 3 a 41, muitos dos quais atribuídos a Davi, abordam lamentos pessoais e clamores por ajuda em tempos de dificuldade. Davi expressa sua vulnerabilidade e dependência de Deus, pedindo livramento de inimigos e refúgio em tempos de perigo. Esses salmos nos lembram da proximidade de Deus e da confiança que podemos ter n'Ele, mesmo em meio ao sofrimento.

Nos Salmos 42 a 72, o foco está na adoração e na sede espiritual. O famoso Salmo 42 compara a alma a um cervo sedento, ansiando por Deus. Outros salmos dessa seção exaltam o poder de Deus e Sua intervenção em tempos de necessidade. Esses salmos refletem a busca de intimidade com Deus e a gratidão pelas Suas bênçãos.

Salmos de sabedoria e reflexão são destacados nos Salmos 73 a 89, onde o salmista questiona a aparente prosperidade dos ímpios e o sofrimento dos justos. O Salmo 73, por exemplo, revela a luta para entender a justiça divina até encontrar paz na presença de Deus. Essa seção explora a fé em meio às dificuldades e a confiança no plano soberano de Deus.

A seção de Salmos 90 a 106 inclui hinos que exaltam a majestade de Deus e Suas obras. O Salmo 90, atribuído a Moisés, fala da eternidade de Deus em contraste com a brevidade da vida humana. Salmos posteriores celebram a criação, o poder de Deus e Seu papel como o grande Rei, incentivando Israel a adorar com reverência e alegria.

Nos Salmos 107 a 150, encontramos hinos de peregrinação e louvor nacional, refletindo a alegria de estar na presença de Deus e a gratidão pela fidelidade d'Ele ao Seu povo. Os Salmos de Ascensão (Salmos 120–134) eram cantados durante as peregrinações a Jerusalém, expressando alegria e expectativas espirituais, e celebrando a comunhão com Deus e com a comunidade.

O Salmo 23 é um dos mais conhecidos e amados, representando Deus como o Pastor que cuida de Suas ovelhas.

Ele expressa a confiança absoluta na presença de Deus, mesmo "no vale da sombra da morte". Essa imagem transmite segurança e esperança, reforçando o papel de Deus como protetor e provedor em qualquer circunstância.

O Salmo 51, um salmo de penitência escrito por Davi após seu pecado com Bate-Seba, é um clamor sincero por perdão e renovação. Davi confessa seu pecado e pede a Deus que o purifique, criando um espírito puro nele. Este salmo destaca a misericórdia de Deus e a importância do arrependimento sincero para a restauração.

O Salmo 91 celebra a proteção de Deus sobre aqueles que confiam n'Ele, retratando Deus como um refúgio seguro. Ele promete proteção contra perigos visíveis e invisíveis, dando segurança àqueles que habitam "no esconderijo do Altíssimo". Esse salmo é uma poderosa declaração de fé na fidelidade de Deus como nosso protetor.

O Salmo 100 é um salmo de louvor, convidando todos a entrarem na presença de Deus com gratidão e cântico. Ele afirma que o Senhor é bom, que Seu amor é eterno e que Sua fidelidade dura para sempre. Esse hino de exaltação chama o povo a adorar com alegria, reconhecendo a bondade e a graça de Deus.

Os Salmos de imprecação, como o Salmo 109, expressam indignação contra a injustiça e clamam por intervenção divina contra os inimigos. Embora difíceis de entender, esses salmos refletem o desejo de justiça e a entrega das questões de vingança e justiça nas mãos de Deus, confiando n'Ele para julgar retamente.

O Salmo 119 é o mais longo, com 176 versos, e é um tributo à Palavra de Deus. Cada seção exalta os mandamentos, decretos e leis de Deus, expressando amor e reverência por Sua revelação. O salmista afirma que a Palavra de Deus é lâmpada para os pés e luz para o caminho, mostrando sua importância para a vida espiritual.

O Salmo 137 é um lamento dos exilados na Babilônia, expressando tristeza e saudade de Sião. Ele reflete o anseio pelo retorno a Jerusalém e a dor do exílio, representando o desejo de restauração e a lembrança da aliança com Deus. Este salmo lembra o poder da adoração mesmo em tempos de aflição.

O Salmo 139 é uma meditação sobre a onisciência e onipresença de Deus, afirmando que Deus conhece cada pensamento e está presente em todos os lugares. Esse salmo traz consolo ao mostrar que Deus compreende profundamente Suas criaturas e cuida delas desde o ventre materno. A confiança no cuidado de Deus em todas as circunstâncias é central.

Os salmos finais (Salmos 146–150) são dedicados exclusivamente ao louvor, com o Salmo 150 concluindo o livro em um hino de adoração universal. Todos são chamados a louvar ao Senhor com todos os instrumentos e com todas as forças, proclamando que "todo ser que respira louve ao Senhor". Esses salmos exaltam a grandiosidade e bondade de Deus como digno de toda a adoração.

O livro de Salmos, como um todo, oferece um retrato completo da jornada espiritual, abrangendo louvor, lamento, penitência e gratidão. Ele é um testemunho da fidelidade de Deus e da resposta humana em diferentes circunstâncias, servindo como um guia para a oração e adoração, e lembrando-nos da presença e cuidado constantes de Deus em nossas vidas.

# PROVÉRBIOS

## ESBOÇO DO LIVRO DE PROVÉRBIOS

1. Introdução e Propósito do Livro (Provérbios 1:1-7)
   - Propósito de ensinar sabedoria, disciplina e a importância do temor do Senhor.

2. Exortações para Buscar a Sabedoria (Provérbios 1:8-9:18)
   - Conselhos sobre ouvir a instrução dos pais, evitar o pecado, e buscar a sabedoria como um bem precioso.

3. Provérbios de Salomão (Provérbios 10-22:16)
   - Ditados sobre diversas áreas da vida, incluindo trabalho, família, relacionamentos e honestidade.

4. Provérbios dos Sábios (Provérbios 22:17-24:34)
   - Conselhos e máximas dos sábios, com foco na moralidade e justiça.

5. Provérbios de Salomão Copiados por Homens de Ezequias (Provérbios 25-29)
   - Mais ditados de Salomão, abordando a conduta correta e a liderança.

6. Ditos de Agur (Provérbios 30)
   - Reflexões sobre a humildade e o reconhecimento da limitação humana.

7. Ditos de Lemuel: A Mulher Virtuosa (Provérbios 31)
   - Conselhos de Lemuel sobre liderança e a descrição da mulher virtuosa.

## O LIVRO DE PROVÉRBIOS

O livro de Provérbios começa com uma introdução que destaca o propósito do livro: ensinar sabedoria e disciplina, e guiar o leitor a uma vida prudente. O versículo central da introdução é "O temor do Senhor é o princípio da sabedoria," indicando que a verdadeira sabedoria começa com uma reverência por Deus. A introdução prepara o leitor para a busca de uma vida baseada na justiça e na moralidade.

Nos primeiros capítulos (Provérbios 1–9), o autor, em sua maioria Salomão, oferece conselhos para buscar a sabedoria e evitar o pecado. A sabedoria é personificada como uma mulher que clama nas ruas, chamando as pessoas a aprender e evitar a insensatez. O autor adverte sobre os perigos da companhia errada, do adultério e das tentações do mundo, e incentiva o jovem a ouvir a orientação dos pais.

A busca pela sabedoria é apresentada como um esforço que vale mais que o ouro. Salomão exorta os leitores a valorizarem a sabedoria mais do que riquezas, pois ela conduz à vida, enquanto a insensatez leva à destruição. A sabedoria é retratada como uma aliada que protege e orienta aqueles que a buscam de coração, e sua ausência resulta em escolhas desastrosas.

Nos capítulos 10 a 22, encontramos os provérbios de Salomão, uma coleção de ditados curtos que abordam diversas áreas da vida. Esses provérbios falam sobre a importância do trabalho, da honestidade e da diligência. A preguiça é frequentemente repreendida, e o trabalho árduo é exaltado como um caminho para o sucesso e a satisfação.

A importância das palavras e da comunicação é um tema recorrente nesses capítulos. Provérbios enfatiza que as palavras têm poder, tanto para construir quanto para destruir. O discurso honesto e gentil é incentivado, enquanto a fofoca e a mentira são condenadas. A sabedoria se reflete não apenas nas ações, mas também nas palavras que as pessoas escolhem.

O relacionamento familiar é outro tema abordado nos provérbios de Salomão. O respeito pelos pais e a instrução dos filhos são considerados essenciais para uma vida bem-sucedida. A disciplina é vista como uma demonstração de amor, e os filhos são encorajados a honrar seus pais para construir uma vida de estabilidade e bênção.

A seção dos "Provérbios dos Sábios" (Provérbios 22:17-24:34) consiste em conselhos sobre justiça, compaixão e a importância de tratar os outros com respeito. Esses provérbios abordam a justiça social e incentivam a defesa dos oprimidos. A compaixão pelos pobres e a honestidade no tratamento das pessoas são valores centrais.

Os capítulos 25 a 29 contêm provérbios de Salomão copiados pelos homens de Ezequias. Esses ditados enfatizam a importância da justiça e da liderança responsável. O comportamento dos governantes influencia toda a nação, e a retidão dos líderes é essencial para o bem-estar do povo. A moderação e o autocontrole são qualidades valorizadas em um líder.

A humildade é outro valor destacado nesses provérbios. O orgulho e a arrogância levam à queda, enquanto a humildade precede a honra. Esses conselhos mostram que o sucesso duradouro vem da disposição de aprender e de respeitar a Deus e aos outros. A sabedoria é construída sobre uma base de humildade e autocontrole.

Provérbios 30 contém os ditos de Agur, que refletem sobre a grandeza de Deus e a limitação humana. Agur reconhece que a sabedoria e o entendimento de Deus são infinitamente superiores aos dos homens. Sua humildade serve como um lembrete da dependência que todos devem ter de Deus para compreender o que é verdadeiro e eterno.

O capítulo 31 inclui os ditos do rei Lemuel, que, segundo a tradição, aprendeu com sua mãe. Ela o instrui sobre como ser um bom líder e sobre os perigos de cair em tentações. Lemuel é aconselhado a defender os direitos dos pobres e necessitados e a governar com justiça e compaixão, valores essenciais para qualquer liderança.

O último trecho de Provérbios 31 é uma passagem conhecida sobre a "mulher virtuosa". Essa descrição exalta as qualidades de uma mulher que é diligente, sábia e dedicada à sua família e comunidade. Ela é elogiada por sua força, bondade e caráter, e seu temor a Deus é visto como seu maior atributo. Este ideal feminino representa a sabedoria em ação.

Ao longo do livro de Provérbios, a sabedoria é apresentada como uma virtude prática que se aplica a todas as áreas da vida. Através de conselhos práticos, Provérbios orienta o leitor a viver com integridade, compaixão e responsabilidade. A sabedoria bíblica é vista não apenas como conhecimento, mas como um caminho para uma vida plena e justa.

Provérbios conclui com uma exortação a buscar a sabedoria como o bem mais precioso. O livro ensina que o temor do Senhor é a chave para a verdadeira compreensão e que a vida de justiça, humildade e compaixão é o reflexo da sabedoria. Esse compromisso com a sabedoria conduz à paz, prosperidade e uma relação profunda com Deus.

# ECLESIÁSTES

## Esboço do Livro de Eclesiastes

1. Introdução: A Vaidade da Vida (Eclesiastes 1:1–11)
   - A introdução define o tom do livro, destacando a futilidade e repetição da vida "debaixo do sol."

2. A Busca por Sabedoria e Prazer (Eclesiastes 1:12–2:26)
   - Reflexão sobre o valor da sabedoria, o prazer e o trabalho, concluindo que tudo é vaidade.

3. A Inutilidade da Sabedoria e do Trabalho (Eclesiastes 3–4)
   - Observação sobre a inevitabilidade da morte e a futilidade do trabalho humano.

4. Reflexões sobre a Adoração e Votos (Eclesiastes 5:1–7)
   - Conselho sobre a importância da reverência a Deus e a prudência ao fazer votos.

5. A Futilidade da Riqueza e o Trabalho (Eclesiastes 5:8–6:12)
   - Reflexão sobre o vazio das riquezas e a insatisfação do homem com o que possui.

6. Sabedoria sobre a Vida e Morte (Eclesiastes 7–8)
   - Considerações sobre a transitoriedade da vida e o valor da sabedoria, mesmo com suas limitações.

7. A Imprevisibilidade da Vida (Eclesiastes 9–10)
   - Observação sobre a imprevisibilidade do sucesso e da desgraça e a sabedoria prática.

8. Exortação à Generosidade e Alegria (Eclesiastes 11)
   - Convite a desfrutar a vida e ser generoso, lembrando-se da brevidade dos dias.

9. Conclusão: Tema da Juventude e do Temor de Deus (Eclesiastes 12)

> - Exortação aos jovens para que se lembrem de Deus e conclusão sobre o propósito da vida.

## O Livro de Eclesiastes

O livro de Eclesiastes começa com uma introdução impactante, afirmando que tudo é "vaidade" ou "futilidade". O autor, tradicionalmente identificado como o "Pregador" ou "Qohélet," reflete sobre a natureza passageira e repetitiva da vida. Ele observa que, "debaixo do sol," ou seja, na perspectiva humana, tudo parece fútil e sem sentido, pois nada novo acontece e o ciclo da vida continua.

Nos primeiros capítulos, o Pregador descreve sua busca por sentido em diversas áreas da vida, como a sabedoria, o prazer e o trabalho. Ele experimenta todo tipo de prazer e adquire muito conhecimento, mas conclui que essas coisas não trazem satisfação duradoura. Sua observação é que a busca por prazer e sabedoria sem um propósito maior acaba sendo um esforço vão.

Ele então explora a inevitabilidade da morte e o ciclo contínuo do trabalho humano, afirmando que, em última análise, tanto o sábio quanto o tolo morrem, e ambos são esquecidos. Para o Pregador, a vida parece injusta e sem propósito quando tudo termina na morte, independentemente das realizações de uma pessoa. Esta reflexão leva à conclusão de que o trabalho e o acúmulo de riquezas são "vaidade".

Eclesiastes faz uma pausa para abordar a adoração a Deus e a importância de cumprir votos com sinceridade. O autor adverte que os votos feitos a Deus devem ser cumpridos e que a adoração deve ser feita com reverência. Esse momento é um lembrete da necessidade de considerar Deus em nossa busca por significado, embora o Pregador ainda lute com a compreensão de como Ele atua na vida humana.

O Pregador examina também o valor da riqueza, concluindo que a riqueza por si só não traz satisfação verdadeira. Ele observa que aqueles que amam o dinheiro nunca têm o suficiente, e que, muitas vezes, o rico não pode desfrutar de sua riqueza. A busca pela satisfação material é, portanto, mais uma forma de vaidade, uma vez que a riqueza é fugaz e não oferece verdadeira felicidade.

Nos capítulos 7 e 8, o Pregador reflete sobre a vida e a morte e aborda o valor da sabedoria, mesmo em um mundo cheio de injustiças e mistérios. Ele reconhece que a sabedoria é limitada e não é uma garantia de sucesso, mas ainda assim é preferível à insensatez. A sabedoria pode fornecer algum conforto e direcionamento, embora não explique completamente o propósito da vida.

O Pregador explora a imprevisibilidade da vida, observando que nem sempre os fortes vencem e nem sempre os sábios prosperam. A vida tem muitas variáveis e é afetada por circunstâncias imprevisíveis, o que torna os planos humanos incertos. Essa perspectiva mostra a fragilidade do controle humano e a impossibilidade de compreender totalmente a existência.

Em uma nota mais positiva, o Pregador exorta as pessoas a desfrutarem a vida e a serem generosas, pois os dias são curtos. Ele sugere que o trabalho e os prazeres simples podem ser apreciados, reconhecendo que a vida é um dom de Deus. Mesmo que o significado completo da vida seja um mistério, ele encoraja a gratidão pelas bênçãos diárias e pelos pequenos prazeres.

No capítulo final, o Pregador direciona suas palavras aos jovens, aconselhando-os a lembrarem-se de Deus enquanto ainda são jovens. Ele enfatiza a importância de ter uma perspectiva correta desde cedo, antes que os desafios e limitações da velhice cheguem. Essa exortação final aos jovens reflete a esperança de que uma vida focada em Deus é mais significativa.

Ao descrever o processo de envelhecimento, o Pregador usa metáforas poéticas para retratar o declínio físico que leva à morte. Esse retrato vívido lembra que a vida é breve e que a mortalidade é inevitável. Essa reflexão enfatiza a transitoriedade da vida e a necessidade de encontrar significado além da existência material.

Por fim, o autor conclui que a essência de tudo é temer a Deus e guardar Seus mandamentos. Ele afirma que a busca por conhecimento e prazeres terrenos não satisfaz o anseio humano por algo maior, mas que o verdadeiro propósito da vida é respeitar e obedecer a Deus. Essa conclusão fornece uma perspectiva espiritual para além da visão pessimista do mundo.

O livro de Eclesiastes oferece uma visão realista da vida e dos dilemas humanos. Embora muitas questões permaneçam sem resposta, o Pregador sugere que o sentido da vida só pode ser encontrado em um relacionamento com Deus. Essa busca pelo significado é complexa, mas o temor a Deus oferece uma orientação confiável para viver com propósito.

Em essência, Eclesiastes nos ensina que, embora a vida "debaixo do sol" possa parecer vazia, ela adquire significado quando vista sob a perspectiva de Deus. O livro exorta a humanidade a buscar uma vida de reverência e obediência a Deus, lembrando-nos de que o verdadeiro sentido da existência está além das realizações terrenas e é encontrado na sabedoria divina.

# Cantares

> ### Esboço do Livro de Cantares
>
> 1. Introdução e Declarações de Amor (Cantares 1:1–2:7)
>    - Diálogo inicial entre os amantes, expressando admiração mútua e desejo de estar juntos.
>
> 2. O Pedido para Estar Juntos (Cantares 2:8–3:5)
>    - O anseio e a busca da amada pelo amado, mostrando a intensidade do amor e do desejo de proximidade.
>
> 3. O Encontro e a Celebração do Amor (Cantares 3:6–5:1)
>    - Descrição do encontro dos amantes e das celebrações nupciais, incluindo o desejo físico e a exaltação da beleza.
>
> 4. A Busca pelo Amado e o Desejo Intenso (Cantares 5:2–6:3)
>    - A amada busca o amado após um sonho perturbador, expressando o temor da perda e o valor do amor.
>
> 5. A Exaltação da Beleza e do Companheirismo (Cantares 6:4–8:4)
>    - Louvor à beleza e ao valor do amor, com ênfase na força e na exclusividade do relacionamento.
>
> 6. Conclusão e a Natureza do Amor (Cantares 8:5–14)
>    - O amor é descrito como poderoso e indomável, com os amantes reafirmando seu compromisso duradouro.

## O Livro de Cantares

O livro de Cantares começa com um diálogo entre dois amantes, um homem e uma mulher, expressando seu amor e atração mútua. A mulher exalta a beleza e o caráter de seu amado, enquanto ele a elogia por sua graça e beleza. Essa introdução reflete a intensidade e o desejo que caracterizam o relacionamento deles, estabelecendo o tom poético e apaixonado do livro.

A mulher expressa o desejo de estar próxima de seu amado e de compartilhar momentos íntimos com ele. Ela se compara aos campos floridos e aos vinhedos, onde gostaria de encontrar-se com ele. Essa seção ilustra a força do desejo e a beleza do amor romântico, destacando o anseio pelo outro como algo natural e valioso.

Em seguida, a mulher descreve a busca pelo seu amado, que parece distante. Ela anseia por sua presença e, em meio a essa busca, declara o quanto ele significa para ela. Esse desejo de proximidade e a busca pelo amado enfatizam a intensidade do amor, bem como a importância de cultivar a relação para manter a chama acesa.

O encontro entre os amantes é retratado com riqueza de detalhes e descrições poéticas. O amado exalta a beleza da amada, comparando-a a elementos naturais como o lírio entre os espinhos. Este momento simboliza a celebração do amor e o prazer que os dois encontram um no outro, refletindo uma união marcada pela alegria e pela paixão.

Há uma celebração nupcial, sugerindo que os dois estão se comprometendo em uma união duradoura. O amado se refere à amada como sua "irmã e noiva", indicando um amor que combina ternura e paixão. A cerimônia representa um compromisso de fidelidade, onde o desejo e o amor são elevados ao nível de um relacionamento duradouro.

A amada compartilha um sonho perturbador em que ela busca o amado, mas não o encontra. Esse sonho reflete seu medo de perder o amor e mostra a vulnerabilidade que acompanha um relacionamento intenso. A busca e o temor da perda revelam a importância do amado para ela e a dor que a ausência dele causaria.

O amado louva a beleza de sua amada, exaltando cada detalhe dela com descrições elaboradas. Esse louvor reforça o valor que ele vê nela e a força do vínculo entre eles. Essa exaltação é um símbolo da celebração do amor e da beleza que é vista e apreciada em um relacionamento íntimo e comprometido. A exclusividade do amor é exaltada, e os dois expressam seu contentamento em pertencerem um ao outro. Esse sentimento de exclusividade fortalece o compromisso e a segurança que ambos sentem em seu relacionamento. O vínculo é visto como algo precioso e singular, onde o amor é um dom exclusivo entre os dois.

A força do amor é destacada como algo invencível e poderoso. Ele é descrito como "forte como a morte" e "cruel como o inferno", sugerindo que o amor verdadeiro é um poder indomável. Essa força simboliza a profundidade do vínculo e a capacidade do amor de superar qualquer desafio ou obstáculo.

O amor é comparado ao fogo, uma chama que não pode ser apagada pelas águas. Essa imagem enfatiza a natureza intensa e inextinguível do amor, mostrando que ele persiste mesmo diante das dificuldades. O amor é visto como uma força que transcende as circunstâncias e as limitações humanas.

No final do livro, o amor é descrito como algo que não pode ser comprado ou vendido. Essa visão do amor como inestimável e imensurável é uma lembrança de que o amor verdadeiro não tem preço e deve ser cultivado e valorizado acima de tudo. Essa mensagem final reflete a profundidade e o caráter eterno do amor.

Os amantes reafirmam seu compromisso e desejo de permanecerem juntos. Eles expressam a intenção de compartilhar a vida, indicando que seu amor é mais do que uma paixão passageira; é uma decisão de estarem presentes um para o outro continuamente. Essa reafirmação fortalece a visão do amor como um compromisso duradouro.

O livro de Cantares termina com uma celebração da natureza única e incomparável do amor. O relacionamento entre os amantes é visto como algo que transcende o tempo e as circunstâncias. Cantares nos convida a ver o amor como uma expressão completa de afeição, respeito e desejo, valorizando-o como um aspecto fundamental da experiência humana.

# Isaías

## Esboço do Livro de Isaías

1. Chamado Profético e Primeiras Advertências (Isaías 1–6)
   - Chamado de Isaías, visões iniciais e advertências de julgamento para Judá e Jerusalém.

2. Oráculos Contra Judá e Israel (Isaías 7–12)
   - Profecias sobre o futuro de Judá e Israel, incluindo a promessa do Emanuel.

3. Oráculos Contra as Nações (Isaías 13–23)
   - Profecias de julgamento contra nações vizinhas: Babilônia, Moabe, Síria, Egito, entre outras.

4. Juízo e Redenção do Povo de Deus (Isaías 24–27)
   - Visão do juízo universal e promessas de redenção para o povo fiel.

5. Advertências e Esperança para Israel (Isaías 28–35)
   - Juízo contra a idolatria e a opressão, e promessas de salvação futura.

6. Histórias de Ezequias e a Proteção Divina (Isaías 36–39)
   - Relato do reinado de Ezequias, incluindo a invasão assíria e a cura de Ezequias.

7. Consolação e Promessa de Redenção (Isaías 40–48)
   - Palavras de conforto para os exilados e promessa de libertação do cativeiro.

8. O Servo Sofredor e a Obra Redentora (Isaías 49–55)
   - Profecias sobre o Servo do Senhor, incluindo o sofrimento e redenção que Ele traz.

9. Promessas de Reconstrução e Justiça (Isaías 56–66)
   - Exortações finais, promessas de nova criação e restauração para Israel e para todas as nações.

## O Livro de Isaías

O livro de Isaías começa com uma série de visões em que Deus revela a corrupção e a rebeldia de Judá e Jerusalém. O profeta Isaías é chamado a advertir o povo sobre o julgamento iminente por causa de seus pecados, como a idolatria e a injustiça social. Deus, no entanto, também oferece esperança e exorta o povo a se arrepender e voltar para Ele, prometendo restauração para aqueles que forem fiéis.

Nos capítulos 7 a 12, Isaías traz profecias focadas em Judá e Israel. Ele fala de um sinal milagroso — o nascimento de um filho chamado Emanuel, cujo nome significa "Deus conosco". Essa promessa aponta para um futuro de esperança, onde Deus intervirá na história de Israel para salvar Seu povo. Isaías encoraja o povo a confiar em Deus em vez de buscar segurança em alianças políticas.

A partir do capítulo 13, Isaías profetiza contra as nações vizinhas, incluindo Babilônia, Moabe, Egito e Síria. Ele anuncia que Deus trará juízo sobre essas nações por sua arrogância e maldade. As profecias refletem o poder e a justiça de Deus sobre todas as nações, mostrando que Ele não apenas governa Israel, mas é o Senhor de toda a criação.

Os capítulos 24 a 27 apresentam uma visão apocalíptica do juízo universal, em que Deus purificará a Terra e restaurará Seu povo. Isaías fala de um tempo em que a morte será destruída e o povo de Deus será salvo. Essa visão aponta para um futuro de paz e segurança para aqueles que permanecem fiéis, destacando o caráter redentor do juízo divino.

Nos capítulos 28 a 35, Isaías adverte contra a idolatria e a opressão dentro de Israel. Ele critica a liderança corrupta e exorta o povo a buscar justiça e fidelidade a Deus. Apesar das advertências de juízo, Isaías também promete salvação para Israel, incluindo a vinda de um Rei justo que trará justiça e paz.

A narrativa do reinado de Ezequias nos capítulos 36 a 39 relata a invasão assíria a Judá e o livramento milagroso de

Jerusalém. Quando o rei Ezequias busca a ajuda de Deus, o Senhor responde e salva a cidade dos assírios. Esse episódio destaca a fidelidade de Deus e a importância de confiar n'Ele em tempos de crise.

A partir do capítulo 40, Isaías traz uma mensagem de consolo e esperança para os exilados na Babilônia. Ele assegura ao povo que Deus não se esqueceu deles e que a libertação está próxima. Essa seção encoraja os exilados a confiar em Deus, que os guiará de volta para casa e restaurará suas vidas.

Nos capítulos 49 a 55, Isaías apresenta a figura do Servo do Senhor, que trará redenção ao mundo. Esse Servo é descrito como alguém que sofrerá em favor dos outros, levando sobre si os pecados do povo. As profecias sobre o Servo sofredor apontam para um futuro de redenção e salvação, revelando o plano de Deus para a restauração.

O Servo do Senhor é descrito como aquele que será rejeitado e sofrerá injustamente, mas cujo sofrimento trará paz e cura para muitos. Essa visão de um Messias sofredor é central no livro de Isaías, enfatizando que a redenção virá através do sacrifício e da obediência a Deus. É uma mensagem de esperança para Israel e todas as nações.

Nos capítulos 56 a 66, Isaías traz promessas de renovação e justiça para o futuro. Ele fala de uma nova criação, onde a paz e a justiça reinarão. Essa seção final do livro exorta o povo a viver com fidelidade e justiça enquanto aguardam o cumprimento das promessas divinas.

Isaías conclui com uma visão da restauração final, onde Deus trará bênçãos para todas as nações e estabelecerá um novo céu e uma nova Terra. Ele promete que Jerusalém será um lugar de alegria e que a morte e o sofrimento serão eliminados. Esta visão final encapsula a esperança do livro para uma era de paz e harmonia.

O livro de Isaías é marcado por uma tensão entre o juízo e a redenção. Embora Deus advirta o povo sobre as consequências de sua rebeldia, Ele também oferece esperança e uma promessa de renovação. Isaías revela o coração de Deus, que deseja trazer restauração para Israel e, eventualmente, para toda a humanidade.

Isaías é um livro profético que aponta para a vinda do Messias, a restauração de Israel e a redenção de todas as nações. Sua mensagem é tanto uma chamada ao arrependimento quanto um lembrete da fidelidade e amor de Deus. O livro de Isaías nos convida a confiar em Deus, que é soberano e justo, e que cumprirá Suas promessas.

O livro de Isaías nos ensina que, mesmo em meio ao juízo, há sempre esperança. A vinda do Messias e a promessa de um futuro de paz e justiça são temas centrais, revelando o plano de Deus para a salvação. Isaías destaca o caráter misericordioso de Deus e Sua disposição em restaurar aqueles que O buscam com sinceridade e fidelidade.

# JEREMIAS

## ESBOÇO DO LIVRO DE JEREMIAS

1. Chamado de Jeremias e Primeiras Profecias (Jeremias 1–6)
   - Chamado de Jeremias como profeta, primeiras profecias de julgamento contra Judá por sua idolatria e injustiça.

2. Advertências sobre o Juízo e a Infidelidade de Israel (Jeremias 7–10)
   - Profecias contra a falsa confiança no templo e a idolatria do povo; chamado ao arrependimento.

3. O Pacto e a Rebeldia do Povo (Jeremias 11–13)
   - A quebra da aliança entre Deus e Israel e o simbolismo do cinto podre, representando a infidelidade do povo.

4. Profecias sobre o Exílio e Choro de Jeremias (Jeremias 14–20)
   - Advertências sobre o exílio iminente e expressões de angústia de Jeremias como profeta rejeitado.

5. Profecias Contra Reis e Falsos Profetas (Jeremias 21–23)
   - Mensagens de julgamento para os reis de Judá e advertências contra falsos profetas.

6. Visões de Destruição e Esperança para o Futuro (Jeremias 24–25)
   - A visão dos cestos de figos e a profecia dos setenta anos de exílio na Babilônia.

7. Promessa de uma Nova Aliança (Jeremias 30–33)
   - Promessa de restauração e de uma nova aliança escrita no coração do povo.

8. Profecias Sobre a Queda de Jerusalém (Jeremias 34–39)
   - Anúncio da queda de Jerusalém e das consequências do cerco babilônico.

> 9. Após a Queda de Jerusalém e o Papel de Jeremias (Jeremias 40–45)
>    - Consequências da queda; Jeremias permanece em Judá e exorta o povo a submeter-se à Babilônia.
>
> 10. Profecias Contra Nações (Jeremias 46–51)
>    - Juízos contra nações vizinhas, incluindo Egito, Moabe, Amom, Edom e Babilônia.
>
> 11. Destruição da Babilônia e Esperança Final (Jeremias 50–51)
>    - Profecia sobre a destruição final da Babilônia e a libertação de Israel.
>
> 12. Conclusão: A Queda de Jerusalém e a Deportação (Jeremias 52)
>    - Relato histórico da queda de Jerusalém, deportação para Babilônia e o fim do reinado de Judá.

## O Livro de Jeremias

O livro de Jeremias começa com o chamado do profeta ainda jovem. Deus o escolhe para ser uma voz de advertência a Judá, que vive em decadência espiritual. Jeremias é chamado para confrontar a idolatria, a injustiça e a infidelidade do povo, que se afastou da aliança com Deus. Ele é designado para anunciar tanto juízo quanto esperança para Judá.

Nas primeiras profecias, Jeremias adverte Judá sobre a ilusão de segurança no templo e a falta de obediência a Deus. Ele clama ao povo para abandonar a confiança superficial no templo e para se arrepender de seus pecados. Contudo, a nação resiste e continua com suas práticas idólatras, o que intensifica o juízo que Jeremias anuncia.

Jeremias usa símbolos, como o cinto podre, para ilustrar a decadência espiritual de Judá. O cinto, que deveria estar próximo ao corpo, é deixado a apodrecer, representando o povo que se afastou de Deus e se tornou inútil. A nação, como o cinto, deveria estar perto de Deus, mas escolheu a idolatria, afastando-se da aliança.

À medida que o julgamento se aproxima, Jeremias profetiza sobre o exílio iminente e lamenta a destruição de Judá. Ele se angustia, chorando pelo sofrimento que virá. Embora ele seja ridicularizado e rejeitado por seus contemporâneos, ele permanece fiel ao seu chamado, intercedendo pelo povo e implorando que eles se arrependam.

Jeremias confronta os reis e falsos profetas de Judá que enganam o povo, dizendo que a paz prevalecerá. Esses líderes são criticados por oferecerem falsas esperanças em vez de guiar o povo ao arrependimento. Jeremias reafirma que Judá enfrentará juízo e que o cativeiro na Babilônia é inevitável devido à sua corrupção moral.

Jeremias apresenta a visão dos cestos de figos, onde Deus compara os exilados fiéis a figos bons e os desobedientes a figos podres. Ele anuncia setenta anos de exílio na Babilônia, enfatizando que apenas os que permanecem fiéis serão restaurados. A visão ilustra a esperança de que, após o julgamento, haverá restauração para aqueles que confiam em Deus.

Em meio ao anúncio de juízo, Jeremias proclama a promessa de uma nova aliança. Ele anuncia que Deus escreverá Sua Lei no coração do povo, ao invés de em tábuas de pedra. Essa nova aliança promete um relacionamento renovado entre Deus e Seu povo, baseado na obediência interior e no perdão dos pecados.

À medida que o cerco babilônico se aproxima, Jeremias adverte sobre a queda de Jerusalém. Ele chama o povo a se submeter aos babilônios, pois é o único caminho para preservar suas vidas. Contudo, Judá resiste, e a profecia de Jeremias se cumpre quando a cidade é destruída e o povo é levado ao exílio.

Após a queda de Jerusalém, Jeremias permanece em Judá com o restante do povo. Ele os aconselha a se submeterem pacificamente à Babilônia, mas é ignorado. Sua fidelidade a Deus o coloca em constante conflito com os líderes remanescentes, e ele continua sendo um profeta solitário em meio ao sofrimento e à rejeição.

O livro de Jeremias também contém profecias contra as nações vizinhas de Judá, incluindo Egito, Moabe e Amom. Jeremias anuncia que o juízo de Deus não é apenas para Judá, mas para todas as nações. Deus é soberano sobre toda a terra, e aqueles que oprimem Seu povo também enfrentarão Sua justiça.

Entre as profecias contra as nações, Jeremias destaca a destruição de Babilônia. Embora Babilônia seja usada como instrumento de juízo contra Judá, ela mesma será julgada por Deus devido à sua crueldade e arrogância. Essa profecia revela a justiça de Deus, que pune até aqueles que Ele usa para corrigir Seu povo.

O capítulo final do livro é um relato histórico da queda de Jerusalém, do cerco dos babilônios e da deportação do povo para o exílio. Este registro é um lembrete das consequências da desobediência e um testemunho do cumprimento das profecias de Jeremias. A destruição de Jerusalém representa o juízo completo sobre a infidelidade de Judá.

Apesar das duras advertências, o livro de Jeremias oferece esperança de restauração. A promessa de uma nova aliança sugere que Deus não abandonou Seu povo e que haverá uma renovação espiritual. Jeremias nos lembra que o juízo e a misericórdia de Deus trabalham juntos para redimir aqueles que se voltam para Ele.

O livro de Jeremias revela o coração de Deus, que é tanto justo quanto misericordioso. Jeremias é um profeta solitário, fiel em meio à rejeição e ao sofrimento, comprometido em advertir o povo de Judá. Sua mensagem é um apelo ao arrependimento e à fidelidade, destacando o desejo de Deus de restaurar Seu povo.

A história de Jeremias nos ensina a importância da obediência e da fidelidade a Deus. O livro nos lembra que, embora o juízo possa vir, a misericórdia de Deus é sempre oferecida àqueles que se arrependem e se voltam para Ele. A nova aliança anunciada por Jeremias aponta para uma renovação espiritual, onde a relação com Deus é marcada pela transformação interior e pela esperança de redenção.

#  LAMENTAÇÕES

## ESBOÇO DO LIVRO DE LAMENTAÇÕES

1. Desolação e Lamento pela Queda de Jerusalém (Lamentações 1)
- Lamento sobre a cidade de Jerusalém, agora deserta, e as consequências da infidelidade de Israel.

2. A Ira de Deus e o Sofrimento do Povo (Lamentações 2)
- Descrição da ira de Deus sobre Jerusalém e o sofrimento dos habitantes por causa do juízo divino.

3. Esperança e Confiança em Meio à Aflição (Lamentações 3)
- Reflexão pessoal sobre o sofrimento e a fidelidade de Deus; esperança na misericórdia divina.

4. O Impacto da Destruição sobre os Habitantes (Lamentações 4)
- Descrição do sofrimento do povo, especialmente das crianças e dos nobres, e a inversão das condições de vida.

5. Oração e Apelo por Restauração (Lamentações 5)
- Clamor final por restauração, reconhecendo o pecado e pedindo que Deus lembre e restaure Seu povo.

## O LIVRO DE LAMENTAÇÕES

O livro de Lamentações começa com um lamento profundo pela destruição de Jerusalém, uma cidade antes próspera e cheia de vida. A cidade é descrita como uma viúva solitária, sentada em desolação. Os habitantes foram levados ao cativeiro e o templo foi destruído, tudo em consequência da desobediência de Judá. O lamento enfatiza o contraste entre a glória passada de Jerusalém e sua situação atual de ruína.

O autor, geralmente atribuído a Jeremias, reflete sobre a ira de Deus contra Jerusalém. Ele observa como Deus permitiu que os inimigos triunfassem sobre Seu próprio povo devido aos seus pecados. Jerusalém foi tratada com rigor, mas o autor também reconhece que a destruição é resultado direto da infidelidade do povo, que rejeitou os avisos divinos.

Lamentações expressa a dor dos habitantes de Jerusalém, que agora vivem em miséria e vergonha. Os inimigos zombam e desprezam a cidade caída, e o povo se encontra em uma situação de desespero, sofrendo com a fome e o abandono. As mulheres e crianças sofrem particularmente, revelando a crueldade do cerco e as consequências devastadoras do pecado.

No segundo capítulo, o autor detalha a intensidade da ira de Deus. Ele descreve como Deus "cobriu a filha de Sião com uma nuvem em sua ira," sinalizando a totalidade do juízo. Mesmo o templo, o símbolo da presença de Deus, foi profanado e destruído. O lamento reconhece que o julgamento veio de Deus, que permitiu que Seu próprio povo sofresse as consequências de sua rebeldia.

O autor vê o sofrimento como um chamado para refletir sobre o pecado de Judá. Ele lamenta a liderança falha, pois os profetas e sacerdotes não guiaram o povo adequadamente e falharam em adverti-los sobre as consequências de seus pecados. Essa negligência espiritual é vista como uma das razões para a desgraça que agora recai sobre Jerusalém.

No capítulo três, há uma mudança de tom: o autor começa a refletir sobre a esperança em meio ao sofrimento. Ele reconhece que, embora a aflição seja intensa, "as misericórdias do Senhor são a causa de não sermos consumidos." Essa passagem reflete uma confiança renovada na fidelidade de Deus, que sempre está disposto a perdoar e restaurar, mesmo em meio ao juízo.

O autor enfatiza que Deus não rejeita para sempre, e que a compaixão de Deus é renovada a cada manhã. Essa confiança na bondade de Deus oferece consolo ao povo de Israel em meio à devastação. A lembrança da fidelidade e misericórdia divinas encoraja o povo a aguardar pela salvação e a se arrepender de seus pecados.

Lamentações descreve a degradação das condições de vida em Jerusalém após o cerco. O povo, que antes vivia em prosperidade, agora luta para sobreviver em condições miseráveis. Os nobres e líderes de Judá, que antes desfrutavam de riqueza e conforto, agora sofrem como qualquer outra pessoa. Essa inversão de papéis é vista como parte do julgamento divino.

O sofrimento das crianças é particularmente comovente. Elas choram de fome e sede, uma imagem dolorosa que simboliza a quebra completa da sociedade. Os efeitos do cerco atingiram todos, sem distinção, refletindo a extensão do juízo de Deus sobre o povo. As crianças sofrem por causa das escolhas de seus pais, o que destaca a seriedade do pecado.

No capítulo final, o autor clama a Deus por restauração. Ele reconhece que o povo pecou e merece o julgamento, mas apela à misericórdia de Deus. O autor expressa um desejo profundo de retorno à presença de Deus e à vida em comunhão com Ele. Esse pedido de restauração reflete a esperança de que, mesmo depois do juízo, Deus ainda pode trazer cura e redenção.

O autor reflete sobre o reinado eterno de Deus e pede a Ele que se lembre de Seu povo. Apesar de sua angústia, ele reconhece que Deus é soberano e permanece fiel. Esse reconhecimento da soberania divina é uma expressão de confiança na capacidade de Deus de restaurar e renovar a aliança com Israel.

O livro de Lamentações revela a dor da perda e a necessidade do arrependimento. Ele oferece uma reflexão profunda sobre as consequências do pecado, mas também abre espaço para a esperança, apontando para a misericórdia de Deus. Em meio à desolação, o autor lembra que a fidelidade de Deus é constante e que Ele está sempre disposto a ouvir os clamores de Seu povo.

A estrutura poética do livro reforça o tom de lamento, com versos e metáforas que ilustram a devastação de Jerusalém. Cada capítulo revela uma nova faceta do sofrimento e uma expressão única de arrependimento. O formato poético também reflete a tradição hebraica de orar e clamar a Deus em tempos de aflição, um padrão de lamentação comum em Israel.

Lamentações nos ensina sobre a seriedade do pecado e a importância da fidelidade a Deus. A queda de Jerusalém é um lembrete de que o afastamento de Deus leva à destruição. Contudo, o livro também nos lembra que Deus é misericordioso e que o arrependimento genuíno sempre encontra espaço para a restauração, demonstrando o caráter compassivo de Deus.

Em última análise, Lamentações destaca a fé do povo de Israel em meio ao sofrimento. Mesmo diante da destruição e do exílio, eles não abandonam sua confiança em Deus. A mensagem central do livro é que, mesmo nos momentos mais sombrios, existe uma esperança de redenção para aqueles que se voltam a Deus com humildade e arrependimento.

# EZEQUIEL

## ESBOÇO DO LIVRO DE EZEQUIEL

1. Chamado de Ezequiel e Visões Iniciais (Ezequiel 1–3)
   - Ezequiel recebe visões de Deus e é chamado para ser profeta no exílio; é comissionado como vigia de Israel.

2. Profecias de Julgamento Contra Israel (Ezequiel 4–7)
   - Símbolos e mensagens de julgamento contra Jerusalém e advertências sobre a destruição iminente.

3. Visões da Idolatria e Destruição do Templo (Ezequiel 8–11)
   - Visões das práticas idólatras em Jerusalém e profecias sobre a partida da glória de Deus do templo.

4. Responsabilidade Pessoal e Justiça de Deus (Ezequiel 12–18)
   - Ezequiel ensina sobre a responsabilidade individual pelo pecado e o chamado ao arrependimento.

5. Lamentações pela Queda de Jerusalém (Ezequiel 19–24)
   - Lamentações e profecias sobre a queda de Jerusalém e os pecados que levaram ao juízo divino.

6. Oráculos Contra Nações Vizinhas (Ezequiel 25–32)
   - Profecias de julgamento contra as nações ao redor de Israel, incluindo Amom, Moabe, Edom, Egito e Tiro.

7. Promessa de Restauração para Israel (Ezequiel 33–36)
   - Ezequiel anuncia que Deus trará o povo de volta e purificará a terra, trazendo um novo coração ao Seu povo.

8. A Visão do Vale de Ossos Secos (Ezequiel 37)
   - Ezequiel vê a ressurreição simbólica de Israel no vale dos ossos secos, representando a restauração nacional.

9. Gogue e Magogue: Profecias sobre a Batalha Final (Ezequiel 38–39)

# A Bíblia - Manual de Estudo

> - Profecias de uma batalha final contra Israel e a intervenção divina para derrotar os inimigos.
>
> 10. A Visão do Novo Templo (Ezequiel 40–42)
>    - Ezequiel recebe uma visão detalhada do novo templo, simbolizando a presença de Deus entre o povo restaurado.
>
> 11. A Glória de Deus Retorna ao Templo (Ezequiel 43–44)
>    - Ezequiel testemunha a glória de Deus retornando ao novo templo, simbolizando a restauração da comunhão com Deus.
>
> 12. Instruções para o Culto e o Serviço no Novo Templo (Ezequiel 45–48)
>    - Regulamentos para o culto, divisão da terra e promessa de uma cidade onde Deus habitará no meio do povo.

## O Livro de Ezequiel

O livro de Ezequiel começa com uma série de visões impressionantes, nas quais o profeta, exilado na Babilônia, vê a glória de Deus. Ezequiel é chamado a ser profeta para o povo de Israel em um momento de grande crise e é comissionado como "vigia" de Israel, sendo responsável por alertar o povo sobre o julgamento divino. Essa introdução estabelece o tom da missão de Ezequiel e a importância de suas mensagens.

Logo após seu chamado, Ezequiel usa vários símbolos e ações simbólicas para anunciar o julgamento contra Jerusalém. Ele representa a destruição da cidade e a fome que sobrevirá ao povo, chamando a atenção para a seriedade do pecado de Israel. O profeta deixa claro que a destruição de Jerusalém é iminente e que o povo deve reconhecer a gravidade de suas transgressões.

Ezequiel recebe uma visão da idolatria que ocorre no templo de Jerusalém, observando os líderes e o povo de Israel envolvidos em práticas idólatras. Nessa visão, ele também vê a glória de Deus deixando o templo, simbolizando a retirada da presença divina por causa do pecado do povo. A partida da glória de Deus é um sinal de que o julgamento de Jerusalém está próximo.

Nos capítulos seguintes, Ezequiel aborda a responsabilidade pessoal de cada indivíduo em relação ao pecado. Ele desafia a crença de que as gerações seguintes são responsáveis pelos pecados dos antepassados, afirmando que cada pessoa é responsável por suas próprias ações. Essa mensagem enfatiza a importância do arrependimento e do compromisso pessoal com a justiça.

Ezequiel lamenta a queda iminente de Jerusalém e traz profecias que refletem a dor de um povo que enfrentará sofrimento devido à sua rebeldia. O profeta, em sua angústia, revela o coração de Deus, que lamenta a destruição de Seu povo, embora a justiça exija que o pecado seja punido. Esses lamentos destacam tanto a severidade quanto a compaixão de Deus.

O livro de Ezequiel também inclui profecias de julgamento contra as nações ao redor de Israel, incluindo Amom, Moabe, Edom, e Egito. Essas profecias mostram que Deus é soberano sobre todas as nações, não apenas sobre Israel, e que Ele julgará cada nação de acordo com sua arrogância e injustiça. Deus, assim, afirma Sua autoridade universal.

No meio das mensagens de julgamento, Ezequiel traz uma promessa de restauração para Israel. Deus promete que trará Seu povo de volta do exílio e que purificará a terra e os corações dos israelitas. Ele anuncia que dará ao povo "um novo coração" e "um novo espírito", restaurando a relação de Israel com Deus de uma maneira renovada e profunda.

Ezequiel recebe a visão do vale de ossos secos, um dos momentos mais conhecidos do livro. Ele vê ossos espalhados que, pelo poder de Deus, se juntam e ganham vida novamente, simbolizando a restauração do povo de Israel. Essa visão representa a esperança de um renascimento nacional e espiritual, prometendo vida nova para o povo exilado.

Nos capítulos 38 e 39, Ezequiel profetiza sobre uma batalha final envolvendo Gogue e Magogue, na qual as forças inimigas tentarão destruir Israel. Deus intervém e derrota os inimigos, assegurando a segurança e a proteção de Israel. Essa visão aponta para o triunfo final de Deus sobre as forças do mal e para a proteção do Seu povo.

A partir do capítulo 40, Ezequiel recebe uma visão detalhada de um novo templo. Essa visão inclui descrições minuciosas da arquitetura e do design do templo, simbolizando a restauração da presença de Deus entre Seu povo. O templo representa um retorno à comunhão divina e a promessa de que Deus habitará novamente no meio de Israel.

Ezequiel também testemunha o retorno da glória de Deus ao novo templo. Esse momento simboliza a reconciliação entre Deus e o povo de Israel e marca o restabelecimento da adoração pura e verdadeira. A volta da glória de Deus é um sinal de que Ele aceita e restaura Israel, selando a promessa de habitação divina.

Nos últimos capítulos, Ezequiel apresenta instruções detalhadas sobre o culto e o serviço no novo templo. Ele descreve os regulamentos para o sacrifício e o culto, bem como a divisão da terra entre as tribos de Israel. Essas instruções simbolizam a organização da vida comunitária e a continuidade da aliança entre Deus e Israel.

O livro de Ezequiel termina com a promessa de uma nova cidade chamada "O Senhor Está Ali" (YHWH Shammah), simbolizando a presença permanente de Deus com Seu povo. Essa visão final reflete a esperança de uma restauração completa, onde o povo de Deus viverá em uma relação harmoniosa e duradoura com Ele. A cidade e o templo representam o cumprimento das promessas divinas.

O livro de Ezequiel nos lembra do caráter justo e misericordioso de Deus, que julga o pecado mas também oferece esperança de restauração. Através de visões e profecias, Ezequiel revela o compromisso de Deus com Seu povo e Sua promessa de renovação espiritual. Em última análise, Ezequiel aponta para um futuro de redenção e reconciliação entre Deus e Israel, mostrando que a misericórdia divina é mais forte que o juízo.

# Daniel

## Esboço do Livro de Daniel

1. Daniel e Seus Amigos na Corte da Babilônia (Daniel 1)
   - Daniel e seus amigos são levados para a Babilônia, onde se mantêm fiéis às leis alimentares de Israel.

2. Interpretação do Sonho de Nabucodonosor (Daniel 2)
   - Daniel interpreta o sonho da estátua de Nabucodonosor, que simboliza reinos futuros.

3. A Fornalha Ardente (Daniel 3)
   - Os amigos de Daniel (Sadraque, Mesaque e Abednego) são lançados na fornalha por se recusarem a adorar a estátua, mas são milagrosamente protegidos.

4. O Sonho da Árvore e a Humilhação de Nabucodonosor (Daniel 4)
   - Nabucodonosor tem um sonho profético e é temporariamente humilhado até reconhecer a soberania de Deus.

5. A Queda de Belsazar e a Escrita na Parede (Daniel 5)
   - Daniel interpreta a escrita na parede, anunciando o fim do reino de Belsazar e a queda da Babilônia.

6. Daniel na Cova dos Leões (Daniel 6)
   - Daniel é jogado na cova dos leões por orar a Deus, mas é protegido milagrosamente.

7. Visão dos Quatro Animais e o Reino de Deus (Daniel 7)
   - Daniel tem uma visão de quatro animais representando reinos futuros e da vinda de um "Filho do Homem".

8. Visão do Carneiro e do Bode (Daniel 8)
   - Visão profética sobre o conflito entre os impérios medo-persa e grego.

9. Profecia das Setenta Semanas (Daniel 9)
- Daniel ora pelo povo, e o anjo Gabriel revela uma profecia sobre os futuros de Israel e o Messias.

10. Visão do Homem Vestido de Linho e Conflitos Futuros (Daniel 10)
- Daniel tem uma visão de um ser celestial e é informado sobre batalhas espirituais e conflitos futuros.

11. Profecias sobre Reis do Norte e do Sul (Daniel 11)
- Profecias detalhadas sobre os reinos que surgirão e as guerras entre reis do norte e do sul.

12. O Tempo do Fim e a Ressurreição dos Mortos (Daniel 12)
- Revelação sobre o tempo do fim, a ressurreição dos justos e a vitória final.

## O Livro de Daniel

O livro de Daniel começa com a história de Daniel e seus amigos, jovens nobres de Israel levados ao exílio na Babilônia. Embora estivessem em uma cultura estrangeira, eles se recusam a comprometer suas crenças, optando por uma dieta que está de acordo com as leis de Israel. Deus abençoa sua fidelidade, concedendo-lhes conhecimento e sabedoria, e Daniel, em especial, recebe o dom de interpretar sonhos.

Daniel é chamado para interpretar um sonho de Nabucodonosor, rei da Babilônia. O sonho mostra uma estátua composta de diferentes materiais, representando reinos que surgirão e eventualmente cairão. Daniel explica que o sonho revela o estabelecimento de um reino eterno de Deus, que supera todos os reinos humanos. A interpretação reforça a soberania de Deus sobre as nações.

No capítulo 3, os amigos de Daniel, Sadraque, Mesaque e Abednego, recusam-se a adorar uma estátua de ouro erguida por Nabucodonosor. Em retaliação, o rei os lança em uma fornalha ardente. Milagrosamente, eles são protegidos por

Deus e saem ilesos, demonstrando o poder e a fidelidade de Deus em preservar aqueles que permanecem fiéis a Ele.

Nabucodonosor tem outro sonho, dessa vez sobre uma árvore majestosa que é derrubada. Daniel interpreta o sonho, explicando que o rei será humilhado por sete anos, vivendo como um animal, até reconhecer a soberania de Deus. O sonho se cumpre, e, ao final de sua provação, Nabucodonosor se arrepende e reconhece o poder de Deus.

Anos depois, o rei Belsazar, sucessor de Nabucodonosor, realiza um banquete onde usa utensílios sagrados do templo de Jerusalém. Durante a festa, uma mão aparece e escreve na parede, anunciando o fim do reinado de Belsazar. Daniel interpreta a mensagem e, naquela mesma noite, o Império Babilônico cai para os medos e persas.

Sob o governo de Dario, Daniel é promovido a uma posição de destaque, mas é alvo de conspirações de outros líderes que o invejam. Eles o denunciam por orar a Deus e conseguem que ele seja jogado na cova dos leões. No entanto, Deus protege Daniel, e ele sai ileso. Essa história demonstra a fidelidade de Daniel e o poder de Deus para salvar.

Daniel tem uma visão profética de quatro animais, representando diferentes reinos que governarão sobre a Terra. No final, ele vê a chegada do "Filho do Homem", que receberá domínio eterno. A visão anuncia a vinda de um reino celestial que triunfará sobre todos os reinos humanos, apontando para a vitória final de Deus.

Daniel recebe outra visão, desta vez sobre um carneiro e um bode, simbolizando o conflito entre os impérios medo-persa e grego. O bode derrota o carneiro, representando o triunfo do império grego sob Alexandre, o Grande. Essa visão antecipa a ascensão e queda de reinos, revelando o plano de Deus para a história.

Em resposta à oração de Daniel pelo povo de Israel, o anjo Gabriel traz a profecia das "setenta semanas". Essa revelação cobre eventos futuros, incluindo a reconstrução de Jerusalém, a vinda do Messias e um tempo de tribulação. A profecia das setenta semanas é uma visão complexa que aponta para a redenção e restauração do povo de Deus.

Daniel tem outra visão, na qual um homem celestial aparece para lhe explicar batalhas espirituais e conflitos futuros. Ele é informado sobre a existência de uma guerra espiritual invisível, que influencia as nações e o curso da história. Essa visão revela a profundidade da luta espiritual e a intervenção de Deus em favor de Seu povo.

No capítulo 11, Daniel recebe profecias detalhadas sobre o futuro de reinos e suas guerras, especialmente entre os reis do norte e do sul. Essa seção prevê eventos históricos, incluindo conflitos entre o Império Selêucida e o Egito Ptolemaico, e é vista como um retrato detalhado das batalhas que moldarão o destino de Israel.

O capítulo final de Daniel trata do "tempo do fim" e da ressurreição. Ele revela que haverá um tempo de angústia sem precedentes, mas aqueles que são fiéis serão salvos e ressuscitarão para a vida eterna. Essa promessa de ressurreição e vitória final aponta para a esperança da redenção e o triunfo da justiça divina.

O livro de Daniel oferece um testemunho poderoso da fidelidade de Deus e da importância da lealdade ao Senhor em meio à opressão. Daniel e seus amigos são exemplos de fé em ação, enfrentando a idolatria e a perseguição sem abrir mão de sua devoção. Suas histórias servem de inspiração para todos aqueles que desejam permanecer fiéis a Deus.

As visões de Daniel revelam o plano soberano de Deus para a história e o fim dos tempos, com uma ênfase na vitória final do reino de Deus. Ao longo do livro, Daniel mostra que, apesar das dificuldades e incertezas, Deus está no controle, guiando o curso dos reinos e oferecendo esperança de redenção e vida eterna aos que confiam n'Ele.

# Oséias

## Esboço do Livro de Oséias

1. Chamado de Oséias e Casamento com Gômer (Oséias 1–3)
   - Deus ordena que Oséias se case com Gômer, uma mulher adúltera, para simbolizar a infidelidade de Israel.

2. Nomes Proféticos dos Filhos (Oséias 1)
   - Os filhos de Oséias recebem nomes simbólicos que representam o julgamento de Deus sobre Israel.

3. Reconciliação e Amor de Deus (Oséias 2–3)
   - Promessa de restauração após o juízo; Deus demonstra amor ao ordenar que Oséias traga Gômer de volta.

4. Acusações contra Israel por Infidelidade (Oséias 4–7)
   - Condenação das práticas idólatras e da corrupção moral de Israel.

5. Consequências do Pecado e o Exílio (Oséias 8–10)
   - Deus adverte sobre o exílio e as consequências das alianças políticas e idolatria.

6. Deus como Pai Amoroso (Oséias 11)
   - Deus expressa o amor paternal por Israel, mesmo em meio ao seu pecado.

7. Rebeldia e Julgamento sobre Efraim (Oséias 12–13)
   - Deus lamenta a rebeldia de Efraim e anuncia o julgamento inevitável.

8. Promessa de Restauração e Chamado ao Arrependimento (Oséias 14)
   - Convite ao arrependimento e promessa de restauração e cura para Israel.

## O Livro de Oséias

O livro de Oséias começa com Deus ordenando ao profeta que se case com Gômer, uma mulher de vida infiel, simbolizando a relação de Israel com Deus. Assim como Gômer é infiel a Oséias, Israel se mostra infiel a Deus ao adorar outros deuses. Esse casamento simbólico representa a dor e a decepção de Deus diante da infidelidade de Seu povo, mas também Seu desejo de resgatar e restaurar.

Oséias e Gômer têm filhos, e Deus dá a cada criança um nome profético, representando a situação espiritual de Israel. Um dos filhos é chamado de "Lo-Ammi," que significa "não meu povo," sinalizando que Israel, devido à sua infidelidade, afastou-se de sua identidade como povo de Deus. Esses nomes são uma advertência do julgamento que virá sobre a nação.

Mesmo após a infidelidade de Gômer, Deus instrui Oséias a trazê-la de volta, demonstrando a misericórdia e o amor de Deus por Israel. Essa reconciliação representa a disposição de Deus de perdoar e restaurar Seu povo, apesar de suas transgressões. Oséias, assim, reflete o caráter de Deus, que busca resgatar Israel e renovar a aliança.

Nos capítulos seguintes, Oséias profere acusações contra Israel, condenando sua idolatria e falta de conhecimento de Deus. Ele denuncia a corrupção moral e o abandono da justiça, elementos que afastaram Israel dos mandamentos divinos. A idolatria do povo, especialmente a adoração a Baal, é uma traição direta à aliança com Deus.

Oséias adverte Israel sobre as consequências de seu pecado, que incluirão o exílio e a perda de proteção divina. Ele alerta o povo contra as alianças políticas com nações pagãs e o sincretismo religioso. A confiança de Israel em nações estrangeiras e deuses falsos revela a profundidade de sua apostasia e o distanciamento da verdadeira fé.

Em um dos capítulos mais comoventes, Deus expressa Seu amor paternal por Israel, lembrando que Ele o guiou desde a infância. Essa imagem de Deus como Pai revela a profundidade do amor e da paciência divinos, apesar da constante rebeldia de Israel. Mesmo assim, a nação se recusa a corresponder ao amor de Deus e insiste em seguir seus próprios caminhos.

Deus lamenta a rebeldia de Efraim, uma das tribos representativas de Israel, e anuncia o julgamento inevitável. Ele acusa Efraim de engano e corrupção, apontando que os caminhos da nação os levarão à destruição. No entanto, mesmo em meio a esse julgamento, há uma tristeza evidente da parte de Deus, que lamenta a necessidade de punir Seu povo.

Apesar de todo o juízo anunciado, o livro de Oséias termina com uma promessa de restauração para aqueles que se arrependem. Deus convida Israel a voltar para Ele, prometendo cura, bênção e renovação. Essa promessa de restauração destaca a esperança que sempre acompanha o chamado de Deus ao arrependimento.

Oséias enfatiza que o amor de Deus é constante e que Ele está sempre pronto a perdoar. A misericórdia de Deus é evidente, pois Ele não apenas deseja que Israel abandone a idolatria, mas também que retorne a uma relação de aliança e intimidade com Ele. A disposição de Deus de restaurar o povo é um reflexo de Sua natureza compassiva.

A relação entre Oséias e Gômer é uma poderosa ilustração da paciência e graça de Deus. Embora Gômer tenha sido infiel, Oséias é chamado a resgatá-la, mostrando que o amor de Deus por Israel persiste mesmo em face da rebeldia. Esse exemplo pessoal do profeta reforça a mensagem do livro: a fidelidade de Deus é imutável.

Oséias também revela as consequências da idolatria, especialmente ao se associar com outras nações e deuses estrangeiros. As alianças com Assíria e Egito, na tentativa de segurança, só trazem mais problemas a Israel. O profeta denuncia essas escolhas como infiéis e prejudiciais, pois desviam Israel de sua dependência de Deus.

O livro nos ensina sobre a seriedade do pecado e as consequências da desobediência, mas também sobre a importância do arrependimento e da restauração. O chamado de Deus é para que o povo retorne a Ele de coração, e Ele os acolherá e restaurará. O perdão divino é uma esperança para aqueles que se voltam sinceramente para Deus.

Oséias é uma mensagem de amor, julgamento e redenção. Ele retrata a profundidade da fidelidade de Deus e Seu desejo de trazer o povo de volta à aliança. O livro é um lembrete de que, mesmo em meio à infidelidade humana, o amor de Deus permanece inabalável, oferecendo uma nova chance para aqueles que buscam a Ele com arrependimento sincero.

# JOEL

## ESBOÇO DO LIVRO DE JOEL

1. Introdução: A Praga dos Gafanhotos (Joel 1:1–12)
   - Descrição de uma devastadora praga de gafanhotos e seus efeitos sobre a terra e o povo.

2. Chamado ao Arrependimento e ao Jejum (Joel 1:13–20)
   - Convocação para que o povo se arrependa, jejue e clame ao Senhor em meio à crise.

3. O Dia do Senhor e a Destruição que se Aproxima (Joel 2:1–11)
   - Profecia sobre o "Dia do Senhor", um tempo de julgamento ainda mais severo que se aproxima.

4. Convocação para um Arrependimento Sincero (Joel 2:12–17)
   - Deus convida o povo a retornar a Ele de todo o coração, com um arrependimento genuíno.

5. Promessa de Restauração e Bênçãos (Joel 2:18–27)
   - Após o arrependimento, Deus promete restaurar a terra, trazendo prosperidade e paz.

6. Derramamento do Espírito e Promessa de Salvação (Joel 2:28–32)
   - Profecia sobre o derramamento do Espírito Santo sobre todo o povo, uma promessa de salvação futura.

7. Juízo contra as Nações Inimigas (Joel 3:1–16)
   - Deus anuncia juízo contra as nações que oprimiram Seu povo e profanação do "Vale de Josafá".

8. Promessa de Paz e Prosperidade para o Povo de Deus (Joel 3.17–21)
   - Deus promete paz e segurança permanentes para o Seu povo e a restauração de Jerusalém.

## O Livro de Joel

O livro de Joel começa com a descrição de uma praga de gafanhotos que devasta a terra de Israel, consumindo suas plantações e deixando o povo em desespero. Essa calamidade é vista como um julgamento de Deus, um alerta para que o povo reconsidere seus caminhos. A destruição causada pelos gafanhotos simboliza a gravidade do pecado e a necessidade de arrependimento.

Diante da praga, Joel convoca os líderes e o povo para se unirem em arrependimento e oração. Ele pede que todos, incluindo sacerdotes e agricultores, se voltem ao Senhor em jejum e lamento, reconhecendo a necessidade de buscar a ajuda divina para a restauração. Joel destaca que só Deus pode salvar Israel da calamidade.

Joel então profetiza sobre o "Dia do Senhor", um evento de julgamento ainda mais grave que a praga dos gafanhotos. Ele descreve um exército poderoso e ameaçador que trará destruição e ruína sobre aqueles que persistirem no pecado. Esse "Dia do Senhor" representa o juízo iminente e convoca o povo a refletir sobre sua condição espiritual.

O profeta exorta o povo a se arrepender sinceramente, não apenas de forma externa, mas de todo o coração. Ele lembra ao povo que Deus é misericordioso e está disposto a perdoar aqueles que se voltam para Ele. Joel enfatiza que o arrependimento genuíno e a transformação interior são essenciais para o perdão e a restauração.

Após o arrependimento, Deus promete restaurar a terra e abençoar o povo novamente. Ele garante que os campos produzirão abundantemente e que Israel será livrado de seus inimigos. Essa restauração representa a resposta de Deus ao arrependimento sincero e Sua disposição de trazer paz e prosperidade àqueles que se voltam para Ele.

Joel anuncia uma profecia poderosa sobre o derramamento do Espírito Santo, declarando que "nos últimos dias" Deus derramará Seu Espírito sobre todos. Esse derramamento não se restringirá aos líderes religiosos, mas incluirá homens, mulheres, jovens e velhos. Essa promessa aponta para uma nova era de comunhão entre Deus e Seu povo.

A promessa do Espírito é acompanhada por sinais nos céus e na terra, indicando a chegada de um tempo de grande transformação. Joel aponta que aqueles que invocarem o nome do Senhor serão salvos, mostrando que Deus oferece uma esperança de salvação para todos que se voltarem a Ele. Esse chamado à salvação é central à mensagem do profeta.

Nos capítulos finais, Joel anuncia o julgamento de Deus sobre as nações inimigas que oprimiram Israel. Ele menciona o "Vale de Josafá", onde Deus julgará as nações que causaram sofrimento a Seu povo. Essa mensagem enfatiza a justiça de Deus e o fato de que Ele não deixará as ações dos opressores impunes.

Joel revela que Deus reverterá a situação de Israel, humilhando as nações que buscaram prejudicar Seu povo. Esse juízo serve como um aviso às nações para que não desafiem o plano de Deus. Israel, por sua vez, é lembrado de que sua salvação e segurança estão nas mãos do Senhor, que age com justiça.

Deus promete estabelecer paz e segurança duradouras para Israel, transformando Jerusalém em um lugar de bênção. Ele afirma que a cidade será santificada e que Ele habitará no meio do Seu povo. Essa promessa final de paz representa a restauração completa e o desejo de Deus de viver em comunhão com Israel.

A restauração de Jerusalém inclui a promessa de que a terra será fértil e que as bênçãos de Deus fluirão abundantemente. O profeta menciona vinhedos e rios que nunca secarão, simbolizando prosperidade contínua. Essa visão de uma terra restaurada reflete o compromisso de Deus com a renovação e o cuidado por Seu povo.

A mensagem de Joel ressalta a importância do arrependimento e da renovação espiritual para evitar o juízo divino. Ele nos ensina que Deus é misericordioso e pronto a restaurar aqueles que se voltam a Ele com sinceridade. A resposta de Deus ao arrependimento do povo é a renovação de Suas bênçãos e o estabelecimento de uma aliança renovada.

O livro de Joel conclui com uma promessa de esperança e redenção, apontando para um futuro em que Deus estará com Seu povo, trazendo segurança e prosperidade. A profecia do derramamento do Espírito e da salvação para todos que invocarem o nome do Senhor mostra o desejo de Deus de estar perto de Seu povo e de renovar a aliança com Israel.

# Amós

## Esboço do Livro de Amós

1. Introdução e Julgamento das Nações Vizinhas (Amós 1–2)
   - Condenação de várias nações vizinhas e, finalmente, de Judá e Israel por suas injustiças.

2. Condenação de Israel e Injustiça Social (Amós 3–4)
   - Advertência de Deus contra Israel por sua opressão dos pobres e culto hipócrita.

3. Chamado ao Arrependimento (Amós 5)
   - Apelo de Deus para que Israel busque a justiça e se afaste da idolatria.

4. Aviso de Juízo para os Arrogantes (Amós 6)
   - Advertência para os líderes arrogantes de Israel, que vivem em luxo e ignoram a miséria ao redor.

5. Visões de Juízo: Gafanhotos, Fogo e Prumo (Amós 7)
   - Visões simbólicas de juízo que representam a iminente destruição de Israel.

6. Confronto com Amazias, o Sacerdote de Betel (Amós 7:10–17)
   - O sacerdote Amazias confronta Amós, que profetiza sobre a queda de Israel e a punição de Amazias.

7. Visão do Cesto de Frutas (Amós 8)
   - Visão de um cesto de frutas maduras, simbolizando que Israel está pronto para o juízo.

8. Profecia sobre o "Dia do Senhor" e o Fim de Israel (Amós 9:1–10)
   - Descrição do "Dia do Senhor" como um dia de escuridão e destruição para Israel.

# A Bíblia - Manual de Estudo

> 9. Promessa de Restauração e Esperança Final (Amós 9:11–15)
> - Profecia sobre a restauração do povo e a promessa de prosperidade para o futuro.

## O Livro de Amós

O livro de Amós começa com uma série de profecias de julgamento contra as nações vizinhas de Israel, incluindo Damasco, Gaza, Tiro, Edom e Amom, por seus atos de violência e injustiça. Deus condena essas nações por suas transgressões, mostrando que Ele é o Senhor sobre todos os povos. Em seguida, o foco se volta para Judá e Israel, ressaltando que o povo escolhido também enfrentará juízo por sua infidelidade.

Amós, um profeta de Judá chamado para profetizar em Israel, adverte o reino do norte sobre suas injustiças sociais e a opressão dos pobres. Ele denuncia a corrupção dos líderes e a idolatria, criticando o povo por praticar um culto vazio enquanto negligenciam a justiça. Para Deus, o culto sem justiça é hipocrisia, e Ele exige que Israel se arrependa e retorne à obediência.

No capítulo 3, Amós reforça que Israel é responsável diante de Deus, pois foi escolhido como Seu povo especial. Com essa responsabilidade vem a obrigação de viver de acordo com os mandamentos divinos. Ele lembra a Israel que suas bênçãos vêm de Deus, mas que seus pecados trarão sérias consequências, alertando para a urgência do arrependimento.

Amós continua condenando o luxo e a indiferença dos ricos de Israel, que exploram os pobres e vivem em conforto, ignorando a miséria ao seu redor. Os líderes e a elite de Israel confiam em suas riquezas e posição, achando que estão seguros. O profeta alerta que essa arrogância e falta de compaixão serão punidas com a destruição.

O capítulo 5 contém um apelo de Deus para que Israel busque a justiça e evite o "Dia do Senhor", um dia de julgamento e calamidade. Amós critica o culto vazio do povo, que busca Deus apenas superficialmente. Ele conclama o povo a praticar a justiça e a retidão, enfatizando que Deus se agrada mais da obediência e da integridade do que de sacrifícios e rituais religiosos.

Amós profetiza especificamente contra aqueles que se sentem seguros em Sião, acreditando que nada lhes acontecerá. Ele anuncia que o exílio virá sobre o povo e que a arrogância dos líderes será abatida. A advertência é clara: o orgulho e a falsa segurança de Israel os cegaram para sua vulnerabilidade e necessidade de Deus.

Deus mostra a Amós visões de julgamento: primeiro um enxame de gafanhotos, depois um fogo devastador e finalmente um prumo. Essas visões simbolizam que Israel será medido e julgado por Deus, que já não poupará a nação. A mensagem é que o tempo de correção terminou, e o juízo é iminente para aqueles que persistem em ignorar os avisos divinos.

No capítulo 7, o sacerdote Amazias, em Betel, tenta silenciar Amós, acusando-o de conspiração contra Israel. Amós responde com uma mensagem direta sobre a queda de Israel e o destino de Amazias. Esse confronto mostra que mesmo os líderes religiosos de Israel estão comprometidos com a corrupção, e que o profeta é fiel em declarar a palavra de Deus, apesar da oposição.

Deus dá a Amós a visão de um cesto de frutas maduras, simbolizando que Israel está "maduro" para o juízo. O cesto de frutas representa a condição espiritual de Israel: assim como frutas maduras se estragam rapidamente, o povo de Israel está prestes a enfrentar a destruição. Essa imagem reforça a urgência do julgamento que se aproxima.

Amós anuncia que o "Dia do Senhor" será um tempo de escuridão e não de luz para Israel. Ele desmonta a falsa segurança dos israelitas, que esperavam que o "Dia do Senhor" fosse um dia de triunfo. Em vez disso, será um dia de tristeza e desespero, um tempo de julgamento em que Deus corrigirá a injustiça e a rebeldia de Seu povo.

No capítulo final, Amós descreve o fim de Israel como uma nação poderosa. No entanto, ele também traz uma promessa de restauração, onde Deus reunirá o remanescente fiel e reconstruirá o "tabernáculo caído de Davi". Essa promessa oferece uma esperança futura para Israel, mostrando que, apesar do juízo, Deus ainda tem um plano de redenção.

O profeta fala de uma restauração completa em que o povo de Israel retornará à sua terra e viverá em segurança e prosperidade. Ele prevê que a terra será produtiva, e o povo experimentará paz e estabilidade. Essa visão final é um lembrete da fidelidade de Deus, que, mesmo após o julgamento, busca a restauração de Seu povo.

O livro de Amós nos ensina que a verdadeira adoração a Deus inclui justiça social e cuidado com os necessitados. Ele nos adverte contra o culto vazio e a confiança em riquezas, lembrando-nos que Deus se importa profundamente com a justiça e a retidão. Em última análise, o livro de Amós enfatiza que Deus julga a injustiça, mas também oferece esperança de restauração para aqueles que O buscam com sinceridade.

# Obadias

> **Esboço do Livro de Obadias**
>
> 1. Introdução e Declaração de Julgamento contra Edom (Obadias 1-4)
>    - Obadias anuncia o julgamento de Deus sobre Edom por causa de sua arrogância e confiança em sua posição geográfica.
>
> 2. A Inutilidade das Defesas de Edom (Obadias 5-9)
>    - Profecia de que Edom será destruído e suas alianças falharão em protegê-lo.
>
> 3. Pecados de Edom Contra Israel (Obadias 10-14)
>    - Condenação de Edom por se alegrar com o sofrimento de Judá e participar da pilhagem de Jerusalém.
>
> 4. O "Dia do Senhor" e o Juízo Universal (Obadias 15-16)
>    - Anúncio do "Dia do Senhor," onde todas as nações, incluindo Edom, serão julgadas.
>
> 5. Restauração de Israel e a Vitória Final (Obadias 17-21)
>    - Promessa de que o povo de Israel será restaurado e que o domínio de Deus será estabelecido.

## O Livro de Obadias

O livro de Obadias começa com uma mensagem de julgamento contra Edom, uma nação descendente de Esaú e vizinha de Israel. Deus revela a Obadias que a arrogância de Edom, que se vê invulnerável em sua posição nas montanhas, será seu fracasso. Apesar de confiar na sua localização geográfica e nas alianças políticas, Edom será derrubado e humilhado.

A profecia continua com a descrição da destruição completa de Edom. Deus adverte que, mesmo que ladrões roubem apenas o que precisam, a devastação de Edom será total, sem deixar nada para trás. As alianças que Edom havia construído com outras nações não o salvarão, e até mesmo seus aliados se voltarão contra ele no momento do julgamento.

Obadias explica que o julgamento contra Edom não é sem causa; ele aponta os pecados específicos cometidos por Edom contra Israel. Quando Jerusalém foi invadida, Edom não apenas assistiu, mas também se alegrou com a queda de seu "irmão" e até participou da pilhagem. Essa traição e desprezo pelo sofrimento de Judá agravam a culpa de Edom.

Além de se alegrar com a calamidade de Israel, Edom aproveitou a destruição para lucrar. O povo edomita saqueou Jerusalém e capturou fugitivos, entregando-os aos inimigos. Esse comportamento desleal e oportunista, especialmente contra uma nação com quem compartilhavam laços familiares, é o que agrava ainda mais o julgamento de Deus contra Edom.

Obadias anuncia o "Dia do Senhor", um tempo de julgamento não apenas para Edom, mas para todas as nações. Deus afirma que as ações das nações contra Israel e uns contra os outros voltarão sobre elas. Assim como Edom agiu contra Judá, sofrerá o mesmo tipo de retribuição, pois a justiça de Deus se estenderá a todos os povos.

O "Dia do Senhor" é descrito como um tempo de retaliação divina, em que a justiça de Deus será aplicada a todas as nações que agiram com arrogância e violência. Obadias alerta que, embora Edom tenha se beneficiado temporariamente das desgraças de Judá, o julgamento de Deus será final e inevitável para todos que se opõem a Seu povo.

Nos versos finais, Obadias traz uma mensagem de esperança para Israel. Ele declara que a casa de Jacó será restaurada e que Israel recuperará suas terras. A promessa de Deus é que o povo de Israel herdará as áreas antes dominadas por Edom e que o domínio divino será estabelecido sobre todas as nações.

A restauração de Israel é retratada como um tempo de renovação e paz, onde os israelitas recuperarão suas fronteiras e viverão em segurança. A posse das terras antes ocupadas por Edom é uma indicação do triunfo de Israel e da fidelidade de Deus em cumprir Suas promessas ao Seu povo, mesmo após tempos de aflição.

A vitória de Israel sobre Edom simboliza a vitória da justiça de Deus sobre o orgulho e a traição. Deus afirma que o Reino será Seu e que todas as nações reconhecerão Seu poder. A soberania de Deus será finalmente estabelecida, e Israel será um sinal visível de Sua justiça e fidelidade entre as nações.

Obadias encerra com a promessa de que a casa de Jacó será "um fogo", enquanto a casa de Esaú será "palha". Essa metáfora representa a purificação e o poder de Israel e a destruição total de Edom. A vitória final de Israel não será apenas militar, mas espiritual, demonstrando a fidelidade de Deus para com aqueles que O buscam.

O livro de Obadias é um lembrete da justiça de Deus e do perigo do orgulho e da traição. Edom, que se aproveitou da queda de Israel, aprenderá que a segurança verdadeira vem apenas de Deus. A traição de Edom serve de lição para todas as nações, enfatizando que Deus não ignora as injustiças cometidas contra Seu povo.

O livro de Obadias aponta para a vitória do reino de Deus e a restauração de Israel. A mensagem de Obadias é que, apesar do sofrimento temporário, Deus não abandona Seu povo e que aqueles que agem com injustiça enfrentarão as consequências de suas ações. A promessa de restauração é um conforto para Israel, assegurando que a justiça divina prevalecerá.

# JONAS

> **ESBOÇO DO LIVRO DE JONAS**
>
> 1. Chamado de Jonas e Fuga para Társis (Jonas 1:1–3)
>    - Deus chama Jonas para pregar a Nínive, mas ele foge em direção a Társis para evitar a missão.
>
> 2. Tempestade e Arremesso ao Mar (Jonas 1:4–16)
>    - Deus envia uma tempestade; Jonas é identificado como a causa e é lançado ao mar para acalmar a tempestade.
>
> 3. Jonas no Ventre do Grande Peixe (Jonas 1:17–2:10)
>    - Jonas é engolido por um grande peixe e, durante três dias, ora a Deus, arrependendo-se de sua desobediência.
>
> 4. Segunda Instrução e Pregação em Nínive (Jonas 3:1–4)
>    - Deus ordena novamente que Jonas vá a Nínive; ele obedece e anuncia a destruição iminente da cidade.
>
> 5. Arrependimento dos Ninivitas e Misericórdia de Deus (Jonas 3:5–10)
>    - Os habitantes de Nínive, incluindo o rei, se arrependem e jejuam; Deus então suspende o julgamento.
>
> 6. Descontentamento de Jonas e Lições sobre a Compaixão (Jonas 4:1–4)
>    - Jonas fica irritado com a compaixão de Deus; ele não aceita o perdão concedido a Nínive.
>
> 7. A Lição da Planta e a Misericórdia de Deus (Jonas 4:5–11)
>    - Deus usa uma planta que cresce e depois morre para ensinar Jonas sobre Sua compaixão por Nínive.

## O LIVRO DE JONAS

O livro de Jonas começa com Deus chamando o profeta para pregar à cidade de Nínive, a capital do império assírio e inimiga de Israel. Jonas, no entanto, decide desobedecer e embarca em um navio em direção a Társis, o oposto de Nínive. Ele tenta fugir do chamado divino, mostrando resistência em levar a mensagem de Deus a um povo estrangeiro.

Enquanto Jonas está no navio, Deus envia uma grande tempestade, ameaçando afundar a embarcação. Os marinheiros, temendo por suas vidas, oram e jogam carga ao mar para aliviar o peso. Eventualmente, eles descobrem que Jonas é o responsável pela tempestade, e ele sugere que o joguem ao mar para que o mar se acalme. Após relutarem, eles fazem isso, e a tempestade se acalma.

Deus prepara um grande peixe para engolir Jonas, salvando-o da morte no mar. Durante três dias e três noites no ventre do peixe, Jonas ora a Deus, reconhecendo Sua misericórdia e se arrependendo de sua desobediência. Ele promete cumprir o chamado divino se tiver outra oportunidade, e Deus responde à sua oração, ordenando que o peixe o vomite em terra firme.

Deus instrui Jonas novamente a ir a Nínive e proclamar a mensagem de juízo. Desta vez, Jonas obedece e percorre a cidade anunciando que ela será destruída em quarenta dias se não se arrependerem. A mensagem é recebida com seriedade pelos habitantes, que imediatamente demonstram remorso e realizam um jejum coletivo, incluindo o próprio rei.

Os ninivitas se arrependem sinceramente, e Deus, em Sua misericórdia, decide suspender o julgamento. A cidade de Nínive é poupada, pois Deus observa o coração arrependido do povo e concede-lhes uma nova chance. Esse ato de compaixão divina é uma demonstração da prontidão de Deus em perdoar aqueles que sinceramente se voltam para Ele.

Ao invés de alegrar-se com o arrependimento de Nínive, Jonas fica indignado com a decisão de Deus de poupar a cidade. Ele argumenta que sabia que Deus é compassivo e misericordioso, e é justamente por isso que ele tentou fugir da missão. A atitude de Jonas revela uma tensão entre a justiça e a misericórdia divina.

Jonas se retira para fora da cidade, esperando para ver se Deus mudará de ideia e trará o juízo sobre Nínive. Durante esse tempo, Deus faz crescer uma planta para proporcionar sombra a Jonas, aliviando seu desconforto. Jonas aprecia a planta e se alegra com ela, mas no dia seguinte Deus permite que um verme destrua a planta, e Jonas volta a se irritar.

Diante da reação de Jonas, Deus usa a planta para ensinar uma lição sobre compaixão. Ele questiona Jonas sobre sua reação à perda da planta e explica que, se Jonas pode se importar com algo tão pequeno, quanto mais Deus deve se preocupar com a grande cidade de Nínive e seus habitantes. Essa lição finaliza a história com uma reflexão sobre a natureza da compaixão divina.

A história de Jonas é uma poderosa narrativa sobre obediência, arrependimento e a amplitude da misericórdia de Deus. A relutância de Jonas e seu descontentamento com o perdão de Deus destacam a luta humana em compreender a profundidade do amor divino. Jonas representa a dificuldade que, por vezes, temos em aceitar que Deus é compassivo com todos.

O livro de Jonas também mostra que Deus se importa com todas as nações, não apenas com Israel. Nínive, uma cidade pagã e inimiga de Israel, é alvo do chamado ao arrependimento e da compaixão de Deus. Esse fato desafia os leitores a verem além de suas próprias limitações e a entenderem que a misericórdia de Deus é estendida a todos os povos.

Por fim, a lição que Deus ensina a Jonas, usando a planta, enfatiza que o amor e a misericórdia divina vão além do que o ser humano compreende. Deus está disposto a perdoar qualquer pessoa que se arrependa verdadeiramente, e Ele deseja que Seu povo compartilhe desse mesmo espírito de compaixão. A história de Jonas nos convida a refletir sobre nossa própria disposição de perdoar e de desejar o bem para os outros.

O livro de Jonas termina com um apelo à compaixão e ao perdão, mostrando que Deus é fiel em Seu caráter misericordioso. A história serve como um lembrete de que o amor de Deus não tem limites e que Ele sempre está disposto a perdoar aqueles que se voltam para Ele com sinceridade.

# MIQUEIAS

## ESBOÇO DO LIVRO DE MIQUEIAS

1. Introdução e Primeira Profecia de Julgamento (Miqueias 1:1–7)
   - Miqueias anuncia o julgamento de Deus sobre Samaria e Jerusalém por causa da idolatria.

2. Lamento pelas Condições de Judá (Miqueias 1:8–16)
   - O profeta lamenta a destruição iminente e a decadência espiritual de Judá.

3. Condenação dos Opressores e Injustiça Social (Miqueias 2)
   - Miqueias denuncia a ganância e opressão dos ricos, que exploram os pobres.

4. Julgamento contra Falsos Profetas e Líderes Corruptos (Miqueias 3)
   - Crítica aos líderes e profetas que enganam o povo, levando a nação à destruição.

5. Promessa de Restauração e Esperança Messiânica (Miqueias 4:1–5)
   - Profecia sobre o futuro reino de paz, onde as nações buscarão a orientação de Deus.

6. Nascimento do Messias em Belém (Miqueias 5:1–5)
   - Anúncio do nascimento de um governante de Israel em Belém, trazendo paz e justiça.

7. Convocação ao Arrependimento e Retorno a Deus (Miqueias 6:1–8)
   - Deus questiona o povo, chamando-o a praticar a justiça, amar a misericórdia e andar humildemente.

8. Lamento sobre a Corrupção de Israel (Miqueias 6:9–16)
   - Condenação da corrupção e injustiça, com advertência de que esses pecados terão consequências.

> 9. Apostasia e Isolamento do Justo (Miqueias 7:1–6)
>    - O profeta lamenta a ausência de justiça e lealdade entre o povo.
>
> 10. Esperança na Misericórdia de Deus (Miqueias 7:7–13)
>     - Miqueias coloca sua confiança em Deus, acreditando que Ele restaurará Israel apesar de seu pecado.
>
> 11. Promessa de Restauração e Vitória Final (Miqueias 7:14–17)
>     - Deus promete trazer de volta Seu povo e submeter as nações que o oprimiram.
>
> 12. Louvor à Misericórdia e Fidelidade de Deus (Miqueias 7:18–20)
>     - Miqueias termina louvando a misericórdia e fidelidade de Deus, que perdoa e restaura Seu povo.

## O Livro de Miqueias

O livro de Miqueias começa com um anúncio de julgamento contra Samaria e Jerusalém, as capitais de Israel e Judá. O profeta, que viveu durante um período de grande corrupção e idolatria, avisa que a destruição é iminente devido à infidelidade espiritual e moral das nações. Ele destaca que Deus não ignorará a idolatria e o desprezo pelo pacto que os povos tinham com Ele.

Miqueias lamenta as condições espirituais de Judá e a decadência que se espalhou pela nação. A idolatria trouxe ruína sobre o povo, e o profeta vê a destruição de cidades inteiras como um sinal da seriedade do juízo de Deus. Ele chora pela situação de Judá e pelas consequências inevitáveis do afastamento do povo de Deus.

O profeta condena os ricos e poderosos de Israel que exploram os pobres e acumulam riquezas de forma injusta. Miqueias denuncia a ganância e a opressão dos líderes, lembrando que Deus não tolera a injustiça. Ele enfatiza que o julgamento será particularmente severo para aqueles que abusam de seu poder para benefício próprio.

Além da crítica à elite, Miqueias dirige sua mensagem aos falsos profetas e líderes religiosos que enganaram o povo. Eles manipulam a verdade e fazem promessas vazias, desviando Israel e Judá do caminho correto. Miqueias deixa claro que esses líderes terão sua parte no julgamento, pois foram responsáveis pela corrupção espiritual da nação.

Apesar do tom de juízo, Miqueias oferece uma visão de esperança para o futuro. Ele profetiza um tempo em que Deus restaurará o Seu povo e estabelecerá um reino de paz, onde as nações buscarão a orientação divina. Essa visão aponta para a promessa de redenção e o plano de Deus de restaurar a justiça e a ordem.

No capítulo 5, Miqueias anuncia o nascimento do Messias em Belém, que trará paz e governará com justiça. Esse líder prometido será um pastor para o povo, guiando Israel com sabedoria e força. A promessa messiânica dá esperança ao povo, lembrando-os de que Deus cumprirá Sua palavra e trará salvação.

Deus chama o povo ao arrependimento, lembrando-o de que o verdadeiro culto envolve justiça, misericórdia e humildade. Ele questiona o povo sobre sua falta de lealdade, apontando que o que Deus realmente deseja é uma vida de obediência e retidão, não apenas rituais vazios. Essa passagem enfatiza que o relacionamento com Deus deve ser refletido nas ações diárias.

Miqueias condena a corrupção que tomou conta de Israel e Judá, enfatizando que a opressão e a injustiça terão consequências. Ele adverte que aqueles que vivem em desobediência não escaparão do julgamento divino. A corrupção dos líderes e do povo é um dos fatores que levam à destruição e ao cativeiro.

O profeta lamenta a falta de fidelidade entre o povo e a traição que se tornou comum. Ele descreve uma sociedade onde a confiança foi perdida e a lealdade é rara, até mesmo entre amigos e familiares. Esse quadro desolador reflete a profundidade do pecado e da alienação do povo em relação a Deus e uns aos outros.

Apesar de sua tristeza, Miqueias coloca sua esperança em Deus e acredita que Ele restaurará Israel. Ele sabe que, mesmo em tempos de juízo, a misericórdia de Deus não falha. O profeta expressa sua confiança de que, no tempo certo, Deus trará cura e reconciliação ao Seu povo.

Nos últimos capítulos, Deus promete que restaurará Israel e que as nações que o oprimiram serão julgadas. Ele garante que o remanescente fiel será recompensado e que o povo voltará a habitar em segurança. Miqueias prevê um futuro em que o povo de Deus triunfará sobre as adversidades e viverá em paz.

O livro de Miqueias termina com um louvor à fidelidade e misericórdia de Deus. O profeta celebra o amor de Deus, que perdoa e lança os pecados no mar do esquecimento. Miqueias nos lembra que, apesar do pecado de Israel, Deus é fiel em manter Sua aliança e em restaurar aqueles que se voltam a Ele com sinceridade.

Miqueias transmite uma mensagem de juízo e misericórdia. Ele nos lembra que Deus é justo e não tolera o pecado, mas também é compassivo e oferece restauração para aqueles que se arrependem. O livro aponta para a esperança messiânica e para o desejo de Deus de estabelecer um reino de paz e justiça onde Seu povo viva em fidelidade e comunhão com Ele.

# NAUM

## ESBOÇO DO LIVRO DE NAUM

1. Introdução e Declaração do Caráter de Deus (Naum 1:1–8)
   - Descrição do poder, da justiça e da ira de Deus contra os inimigos, com ênfase em Seu caráter justo.

2. Julgamento sobre Nínive (Naum 1:9–15)
   - Profecia de que Deus destruirá Nínive, a capital do império assírio, e livrará Seu povo da opressão.

3. A Implacável Destruição de Nínive (Naum 2:1–10)
   - Descrição gráfica e detalhada da queda de Nínive e da devastação total da cidade.

4. Zombaria e Condenação Final de Nínive (Naum 2:11–13)
   - Nínive é ridicularizada como uma "toca de leões" que será desfeita pelo poder de Deus.

5. Motivos para a Queda de Nínive (Naum 3:1–4)
   - Condenação de Nínive por sua violência, mentiras e traições que encheram o mundo de sofrimento.

6. A Inevitabilidade da Destruição (Naum 3:5–7)
   - Deus revela que exporá a vergonha de Nínive e que ninguém lamentará sua queda.

7. Comparação com Tebas e o Destino Irreversível de Nínive (Naum 3:8–10)
   - Comparação com a cidade egípcia de Tebas, que foi destruída, mostrando que Nínive também cairá.

8. A Fraqueza e a Futilidade das Defesas de Nínive (Naum 3:11–13)
   - Deus declara que as fortificações de Nínive serão inúteis contra o julgamento divino.

> 9. Destruição Total dos Recursos e Poder de Nínive (Naum 3:14-17)
> - Profecia sobre a destruição dos recursos de Nínive e o enfraquecimento de seus exércitos.
>
> 10. Lamentação pelo Fim de Nínive (Naum 3:18-19)
> - Conclusão sobre a inevitabilidade da queda de Nínive e a alegria das nações com sua destruição.

### O Livro de Naum

O livro de Naum começa com uma introdução ao caráter de Deus, destacando Seu poder e justiça. Deus é descrito como zeloso e vingador contra Seus inimigos, mas também misericordioso para com aqueles que O buscam. Essa introdução coloca o tom de julgamento que será desferido sobre Nínive, a capital do império assírio, que oprimia Israel e outras nações.

Naum anuncia o julgamento de Deus contra Nínive, declarando que a cidade será destruída e que o povo de Deus será libertado de sua opressão. A Assíria, conhecida por sua crueldade e brutalidade, será punida por seus atos violentos. Essa mensagem traz esperança ao povo oprimido, que aguardava a justiça de Deus contra seus opressores.

Em uma descrição detalhada, Naum antecipa a queda de Nínive, profetizando que a cidade enfrentará uma devastação completa. Ele pinta um quadro vívido da invasão e destruição iminente, mostrando a impotência da cidade diante do julgamento divino. Essa profecia sublinha que nenhum poder terreno pode resistir à determinação de Deus.

Naum zomba de Nínive, comparando-a a uma "toca de leões" que será destruída. A cidade, outrora poderosa e temida, será despojada de sua glória e humilhada. A arrogância de Nínive é exposta, e Naum declara que seu poder e segurança não impedirão seu fim. Essa passagem enfatiza a superioridade de Deus sobre qualquer força humana.

A destruição de Nínive é atribuída diretamente à sua violência, mentiras e traições. A cidade conquistou fama por sua brutalidade, e Deus agora a julgará por seus crimes. Naum revela que a justiça de Deus é imparcial, e que a opressão e a maldade terão sua retribuição. Esse julgamento serve como um lembrete de que a justiça divina não falha.

Naum afirma que Deus exporá a vergonha de Nínive e que nenhuma nação lamentará sua queda. Nínive, que semeou o terror em muitas partes do mundo, enfrentará uma destruição pública e vergonhosa. A imagem de Nínive sendo desnudada e exposta simboliza a justiça de Deus diante da corrupção e maldade da cidade.

Naum compara Nínive à cidade de Tebas, que também era poderosa mas foi destruída. Essa comparação serve como um alerta de que nenhuma cidade ou nação está acima do julgamento de Deus. Assim como Tebas caiu, Nínive também enfrentará um destino irreversível, independente de seu orgulho ou de sua segurança.

As fortificações de Nínive serão inúteis contra o julgamento de Deus, segundo Naum. Ele descreve a cidade como vulnerável, afirmando que os muros e defesas de Nínive não conseguirão protegê-la. Deus mostra que as forças humanas são impotentes diante do juízo divino, reforçando que Ele é o soberano sobre todas as nações.

Na profecia de Naum, os recursos e os exércitos de Nínive serão completamente destruídos. Ele descreve a desordem e o caos que se abaterão sobre a cidade, mostrando que até mesmo os soldados serão incapazes de defender a capital assíria. Essa aniquilação total demonstra a magnitude do julgamento de Deus sobre a maldade da cidade.

Na conclusão, Naum declara que ninguém lamentará a queda de Nínive, e que outras nações se alegrarão com sua destruição. A cidade, conhecida por sua violência e crueldade, receberá sua justa retribuição, e o mundo celebrará o fim de sua opressão. Naum mostra que o juízo de Deus é uma fonte de alívio para os povos que sofreram com a injustiça.

O livro de Naum traz uma mensagem de justiça e soberania divina. Ele nos lembra que Deus é justo e que a violência e opressão não passarão despercebidas. A queda de Nínive serve como um aviso de que todo império que age com crueldade enfrentará as consequências de seus atos, enquanto os que confiam em Deus encontrarão n'Ele refúgio e proteção.

# HABACUQUE

## Esboço do Livro de Habacuque

1. Primeira Queixa de Habacuque: A Injustiça em Judá (Habacuque 1:1-4)
   - O profeta clama a Deus por causa da violência e injustiça em Judá, perguntando por que Deus parece inativo.

2. Resposta de Deus: Levantamento dos Caldeus (Habacuque 1:5-11)
   - Deus responde que está levantando os caldeus (babilônios) para trazer juízo sobre Judá.

3. Segunda Queixa de Habacuque: A Crueldade dos Caldeus (Habacuque 1:12-17)
   - Habacuque questiona por que Deus usaria uma nação ímpia e violenta para punir Judá.

4. A Guarda do Profeta (Habacuque 2:1)
   - Habacuque decide aguardar a resposta de Deus sobre sua segunda queixa.

5. Resposta de Deus: O Justo Viverá pela Fé (Habacuque 2:2-5)
   - Deus responde que a visão será cumprida no tempo certo e afirma que "o justo viverá pela sua fé".

6. Cinco Ais Contra a Babilônia (Habacuque 2:6-20)
   - Deus pronuncia cinco "ais" contra a Babilônia por sua violência, ganância e idolatria.

7. O Silêncio Diante da Majestade de Deus (Habacuque 2:20)
   - Deus declara que "o Senhor está no seu santo templo; cale-se diante dele toda a terra".

8. Oração de Habacuque e Declaração de Confiança (Habacuque 3:1-2)
   - Habacuque ora, pedindo que Deus lembre-se de misericórdia em meio à ira.

# A Bíblia - Manual de Estudo

> 9. Teofania e Poder de Deus (Habacuque 3:3–15)
> - Habacuque descreve uma visão poderosa de Deus, exaltando Sua soberania e poder sobre a criação.
>
> 10. Confiança de Habacuque em Deus (Habacuque 3:16–19)
> - O profeta afirma que, mesmo em tempos de dificuldades, ele confiará em Deus e se alegrará no Senhor.

## O Livro de Habacuque

O livro de Habacuque começa com o profeta questionando a Deus sobre a violência e injustiça que prevalecem em Judá. Ele clama a Deus, perguntando por que Ele permite tanto mal e por que parece não agir diante da opressão. Habacuque expressa sua frustração com a aparente passividade divina em relação à corrupção de seu próprio povo.

Deus responde a Habacuque, revelando que Ele está, de fato, prestes a agir. Deus declara que levantará os caldeus (babilônios), uma nação poderosa e violenta, para trazer juízo sobre Judá. Essa resposta surpreende o profeta, pois, embora Deus finalmente vá punir Judá, Ele usará uma nação ainda mais ímpia para fazê-lo.

Habacuque apresenta uma segunda queixa, questionando a justiça do plano de Deus. Ele pergunta como Deus pode usar um povo tão cruel como instrumento de juízo. Habacuque luta para entender por que Deus permitiria que uma nação ímpia oprimisse o Seu próprio povo, que, embora pecador, ainda é o povo da aliança.

Depois de apresentar suas queixas, Habacuque decide aguardar a resposta de Deus. Ele se posiciona como um sentinela, disposto a ouvir o que Deus dirá em resposta à sua frustração. Esse momento simboliza a disposição do profeta em confiar que Deus responderá de forma justa e satisfará suas dúvidas.

Deus responde afirmando que a visão será cumprida no tempo certo e que o justo viverá pela fé. Ele encoraja

Habacuque a confiar em Seu plano, garantindo que, mesmo que o cumprimento pareça demorado, ele certamente se realizará. Essa resposta revela que a verdadeira confiança em Deus envolve fé e paciência, especialmente em tempos de dificuldade.

Deus pronuncia cinco "ais" contra a Babilônia, condenando sua ganância, violência, idolatria e opressão. Ele assegura que, assim como Babilônia será usada para julgar Judá, ela mesma será julgada por seus atos perversos. Esses ais revelam a justiça imparcial de Deus e Sua oposição ao orgulho e à violência.

Deus declara que "o Senhor está no seu santo templo; cale-se diante dele toda a terra." Essa afirmação enfatiza a soberania de Deus e a necessidade de reverência diante d'Ele. Em meio ao caos e ao sofrimento, Deus ainda governa e Sua justiça será manifestada no tempo apropriado.

Habacuque responde com uma oração, pedindo que Deus se lembre de Sua misericórdia em meio à ira. Ele reconhece a justiça divina, mas também apela ao caráter compassivo de Deus. Esse pedido mostra que Habacuque, apesar de aceitar o julgamento, anseia por uma manifestação da misericórdia divina para com o povo de Judá.

O profeta descreve uma visão de teofania (manifestação de Deus), exaltando o poder e a soberania de Deus sobre toda a criação. Ele vê Deus como o governante supremo, controlando o curso da natureza e as nações. Essa visão fortalece sua confiança na grandeza de Deus e na capacidade divina de cumprir Seus propósitos.

Habacuque termina com uma declaração de fé e confiança inabalável em Deus. Ele afirma que, mesmo que faltem colheitas e o rebanho, ele se alegrará no Senhor. Essa expressão de confiança mostra que o profeta chegou a uma profunda compreensão da fidelidade de Deus, independente das circunstâncias.

O livro de Habacuque nos ensina sobre a importância de confiar em Deus, especialmente em tempos de incerteza e injustiça. Ele mostra que é natural questionar e buscar respostas, mas que a fé verdadeira é sustentada pela confiança no caráter e na justiça divina. Ao final, Habacuque nos inspira a perseverar, sabendo que "o justo viverá pela fé."

# SOFONIAS

## ESBOÇO DO LIVRO DE SOFONIAS

1. Introdução e Declaração de Juízo Universal (Sofonias 1:1–3)
- Sofonias anuncia o juízo de Deus sobre toda a criação, com foco especial em Judá.

2. O Dia do Senhor Contra Judá (Sofonias 1:4–13)
- Juízo específico contra Judá por causa de sua idolatria e corrupção moral.

3. Descrição do Dia do Senhor: Um Dia de Ira (Sofonias 1:14–18)
- O profeta descreve o "Dia do Senhor" como um tempo de escuridão, angústia e destruição.

4. Convocação ao Arrependimento (Sofonias 2:1–3)
- Chamado ao arrependimento para que o povo busque a justiça e a humildade.

5. Juízo contra as Nações Vizinhas (Sofonias 2:4–15)
- Profecias de juízo contra as nações ao redor de Judá, incluindo Filístia, Moabe, Amom, Etiópia e Assíria.

6. Condenação da Corrupção em Jerusalém (Sofonias 3:1–5)
- Crítica à rebeldia e corrupção dos líderes e profetas de Jerusalém.

7. A Paciência e Justiça de Deus (Sofonias 3:6–8)
- Deus expressa Sua paciência, mas reafirma que a justiça virá inevitavelmente.

8. Promessa de Purificação e Restauração (Sofonias 3:9–10)
- Deus promete purificar as nações e trazer Seu povo disperso de volta para Si.

9. Restauração de um Remanescente Fiel (Sofonias 3:11–13)
- Promessa de que um remanescente humilde e fiel será restaurado e viverá em paz.

> 10. Cântico de Alegria pela Restauração de Israel (Sofonias 3:14–17)
> - Sofonias convoca Israel a se alegrar, pois Deus restaurará Seu povo e estará entre eles.
>
> 11. Promessa Final de Reconciliação e Paz (Sofonias 3:18–20)
> - Deus promete reunir o povo disperso, restaurar sua honra e trazer paz e prosperidade.

## O Livro de Sofonias

O livro de Sofonias começa com uma declaração de juízo universal, anunciando que Deus trará destruição sobre toda a criação. Embora a mensagem se estenda a toda a humanidade, há um foco especial em Judá e na punição que virá por causa de seus pecados. Sofonias é uma advertência clara sobre a seriedade da justiça divina e a abrangência do "Dia do Senhor".

O profeta passa a detalhar o juízo que será aplicado especificamente a Judá, denunciando a idolatria e a corrupção moral do povo. Deus declara que erradicará os que se voltaram aos ídolos e desprezaram Sua aliança. Judá, que deveria ser exemplo de fidelidade, é condenada por seu afastamento, e o juízo de Deus se mostra inevitável.

Sofonias descreve o "Dia do Senhor" como um tempo de angústia, escuridão e destruição. Esse dia será um tempo de grande aflição e devastação para aqueles que se recusam a obedecer a Deus. A imagem do "Dia do Senhor" é uma advertência para que todos levem a sério a justiça de Deus e estejam prontos para responder por suas ações.

Diante do iminente juízo, Sofonias convoca o povo ao arrependimento, exortando-os a buscar a justiça e a humildade. Ele sugere que, por meio do arrependimento sincero, o povo pode evitar a ira de Deus. Esse apelo mostra a compaixão de Deus, que está disposto a perdoar aqueles que se voltam a Ele de coração.

O livro também inclui profecias contra as nações vizinhas, como Filístia, Moabe, Amom, Etiópia e Assíria. Essas nações, que foram inimigas de Judá e muitas vezes agiram com arrogância e violência, também enfrentarão o juízo de Deus. Isso enfatiza a justiça imparcial de Deus, que não tolera a injustiça, independentemente de quem a comete.

Jerusalém é especificamente condenada por sua corrupção e rebeldia, e Sofonias critica os líderes e profetas por sua falta de integridade. Ele denuncia a falha daqueles que deveriam guiar o povo, mas que se corromperam. A rebelião em Jerusalém é uma evidência de como até os mais altos líderes podem se afastar de Deus.

Apesar da paciência de Deus, o profeta afirma que o juízo virá inevitavelmente. Deus declara que foi paciente e esperou pelo arrependimento, mas agora trará a justiça. Esse ato de julgamento é uma resposta à resistência contínua do povo e uma demonstração de que a paciência de Deus não deve ser abusada.

Em meio à mensagem de juízo, Sofonias traz uma promessa de purificação e restauração. Deus promete que, após o julgamento, purificará as nações e trará Seu povo de volta para Si. Esse momento de redenção é uma esperança para o futuro, mostrando que a ira de Deus é sempre seguida por Sua misericórdia.

Sofonias promete que Deus preservará um remanescente fiel e humilde, que será restaurado e viverá em paz. Esse remanescente representa aqueles que, mesmo em tempos de apostasia, mantêm a fé e a obediência. A promessa de paz e segurança para esse grupo fiel é um sinal da bondade de Deus.

O profeta convoca o povo a se alegrar, pois Deus estará no meio deles para restaurá-los e trazer alegria. Ele retrata um futuro em que Israel viverá em segurança e Deus estará presente como protetor e salvador. Esse cântico de alegria reflete a confiança de Sofonias na promessa divina de redenção e comunhão com o povo.

O livro de Sofonias termina com uma promessa de reconciliação e paz, em que Deus reúne os dispersos, restaura a honra de Israel e traz prosperidade. Essa conclusão destaca o desejo de Deus de restaurar completamente Seu povo. Em essência, Sofonias é uma mensagem de juízo e misericórdia, mostrando que, apesar do pecado, Deus sempre oferece um caminho de volta para a comunhão com Ele.

# AGEU

## ESBOÇO DO LIVRO DE AGEU

1. Primeira Mensagem: Exortação para a Reconstrução do Templo (Ageu 1:1–11)
   - Deus chama o povo a reconstruir o templo, questionando suas prioridades e explicando que a negligência espiritual causou dificuldades.

2. Resposta do Povo e Início da Reconstrução (Ageu 1:12–15)
   - O povo, liderado por Zorobabel e Josué, obedece à palavra de Ageu e começa a reconstruir o templo.

3. Segunda Mensagem: Encorajamento para Continuar (Ageu 2:1–9)
   - Ageu encoraja o povo desanimado com a obra, prometendo que a glória futura do templo será maior que a anterior.

4. Terceira Mensagem: A Pureza do Povo e a Obra de Deus (Ageu 2:10–19)
   - Deus lembra o povo sobre a importância da pureza espiritual e promete bênçãos agora que o trabalho foi retomado.

5. Quarta Mensagem: Promessa de Vitória para Zorobabel (Ageu 2:20–23)
   - Deus declara que Zorobabel será como um "anel de selar", um símbolo de liderança e restauração para Israel.

## O LIVRO DE AGEU

O livro de Ageu começa com Deus chamando o povo a reconsiderar suas prioridades, pois eles haviam abandonado a reconstrução do templo para cuidar de suas próprias casas e interesses. Deus, através do profeta Ageu, revela que essa negligência é a causa de suas dificuldades econômicas e espirituais. O templo, como símbolo da presença de Deus, precisa ser reconstruído para que o povo retome sua devoção e prosperidade.

Ageu questiona o povo, especialmente seus líderes, Zorobabel, o governador, e Josué, o sumo sacerdote, sobre o atraso na construção do templo. Ele explica que enquanto o templo permanecer em ruínas, eles experimentarão frustração em seu trabalho e colheitas. Esta mensagem serve como uma chamada à ação, para que o povo priorize o relacionamento com Deus.

Ao ouvirem a mensagem de Ageu, o povo, liderado por Zorobabel e Josué, decide obedecer e iniciar a reconstrução do templo. Esse ato de obediência marca um retorno à aliança com Deus. A resposta do povo demonstra que estavam prontos para colocar Deus em primeiro lugar e buscar Sua orientação.

Após a retomada do trabalho, Ageu traz uma segunda mensagem de encorajamento. Ele reconhece que muitos estão desanimados ao comparar o novo templo com o antigo, mas garante que Deus promete uma glória maior para esta nova casa. Deus promete que este templo será um lugar de paz e que Ele proverá para que a glória divina seja manifestada novamente.

Ageu exorta o povo a perseverar na reconstrução e confiar nas promessas de Deus. Ele lembra o povo de que Deus está com eles e que a obra que realizam tem um propósito espiritual e não apenas material. Essa mensagem é um incentivo para que o povo não desista e continue a obra com fé.

Em sua terceira mensagem, Ageu adverte o povo sobre a importância da pureza e da santidade. Ele ilustra que a impureza pode contaminar as bênçãos de Deus, enquanto a obediência e a santidade trazem prosperidade. Deus declara que agora que o povo retomou a construção, Ele abençoará suas colheitas e trará abundância.

Essa bênção representa uma renovação da aliança de Deus com o povo, mostrando que Ele valoriza a sinceridade e a devoção. Ageu enfatiza que, com a reconstrução em andamento, o povo verá uma transformação nas áreas onde antes havia dificuldades. Deus promete que Ele não apenas aceita o trabalho deles, mas também abençoa a dedicação.

Na quarta mensagem, Deus traz uma promessa especial a Zorobabel, afirmando que ele será como um "anel de selar". Este símbolo de autoridade e aliança significa que Zorobabel é escolhido para liderar o povo de Israel e representa a continuidade da linhagem davídica. É uma promessa de restauração e esperança para o futuro de Israel.

A promessa a Zorobabel também aponta para um tempo em que Deus abalará as nações e estabelecerá Seu domínio. Ageu mostra que Deus está ativo na história e que Zorobabel será um instrumento de liderança e de restauração para o povo. Essa mensagem encerra o livro com uma nota de esperança e uma visão de um futuro restaurado.

O livro de Ageu destaca a importância de colocar Deus em primeiro lugar e de priorizar a obra espiritual sobre os interesses materiais. Ageu lembra o povo de que sua devoção e obediência são fundamentais para receber as bênçãos de Deus. O templo simboliza a presença de Deus, e sua reconstrução representa o retorno do povo à comunhão com Ele.

Ageu nos ensina sobre a fidelidade de Deus, que está sempre disposto a abençoar aqueles que O buscam sinceramente. A promessa de paz e prosperidade mostra que Deus não apenas restaura fisicamente, mas também espiritualmente. Ageu encerra com a certeza de que a presença de Deus é a fonte de toda a verdadeira paz e prosperidade para o Seu povo.

# ZACARIAS

## ESBOÇO DO LIVRO DE ZACARIAS

1. Chamado ao Arrependimento (Zacarias 1:1-6)
   - Zacarias exorta o povo a se arrepender e voltar-se para Deus para que Ele os abençoe novamente.

2. Primeira Visão: Os Cavalos (Zacarias 1:7-17)
   - Visão de cavalos que representam a vigilância de Deus sobre as nações e a promessa de restauração de Jerusalém.

3. Segunda Visão: Os Quatro Chifres e os Quatro Ferreiros (Zacarias 1:18-21)
   - Os chifres representam as nações que oprimiram Israel; os ferreiros, os que as destruirão.

4. Terceira Visão: O Homem com um Cordel de Medir (Zacarias 2:1-13)
   - Visão de Jerusalém sendo medida e a promessa de que Deus a protegerá e habitará com Seu povo.

5. Quarta Visão: Purificação de Josué, o Sumo Sacerdote (Zacarias 3:1-10)
   - Josué é purificado de seus pecados, representando a restauração espiritual de Israel.

6. Quinta Visão: O Castiçal de Ouro e as Duas Oliveiras (Zacarias 4:1-14)
   - A visão reforça que Zorobabel completará o templo pela força do Espírito de Deus.

7. Sexta Visão: O Rolo Voador (Zacarias 5:1-4)
   - Um rolo voador que traz maldição contra os ladrões e os que juram falsamente.

8. Sétima Visão: A Mulher no Cesto (Zacarias 5:5-11)
   - Representação do pecado sendo removido de Israel e levado para a terra de Sinear (Babilônia).

> 9. Oitava Visão: Os Quatro Carros (Zacarias 6:1-8)
> - Visão dos carros que representam os espíritos enviados por Deus para patrulhar a terra.
>
> 10. Coroação de Josué e Promessa do Ramo (Zacarias 6:9-15)
> - Josué é coroado, simbolizando o Ramo, um futuro Messias que unirá o sacerdócio e o reinado.
>
> 11. Promessas Futuras e Jerusalém como Centro Espiritual (Zacarias 7-14)
> - Profecias sobre o jejum, o futuro de Jerusalém como um centro de adoração, e a vinda do Messias.

## O Livro de Zacarias

O livro de Zacarias começa com um chamado ao arrependimento. Deus, através do profeta, convida o povo a voltar para Ele, prometendo bênçãos e restauração para Israel. Essa mensagem inicial destaca a importância da obediência e de manter um relacionamento sincero com Deus para que a nação prospere.

Na primeira visão, Zacarias vê cavalos que representam a vigilância de Deus sobre as nações. Esta visão enfatiza que Deus está ciente do que ocorre no mundo e promete restaurar Jerusalém, que tem sido objeto de opressão. A visão é um conforto para o povo, assegurando que Deus ainda se preocupa com Israel e com sua reconstrução.

A segunda visão envolve quatro chifres e quatro ferreiros. Os chifres representam as nações que atacaram Israel, enquanto os ferreiros representam aqueles que as destruirão. Deus mostra que as nações que oprimiram Israel serão julgadas, reafirmando Sua justiça e Seu plano de redenção para o Seu povo.

Na terceira visão, Zacarias vê um homem com um cordel de medir, que representa a proteção e o crescimento de Jerusalém. Deus promete que Jerusalém será habitada sem muros, pois Ele próprio será a sua proteção. Essa visão aponta para um futuro em que Deus habitará com o Seu povo e garantirá a segurança e prosperidade da cidade.

A quarta visão é a purificação de Josué, o sumo sacerdote, cujas vestes sujas são trocadas por roupas limpas. Essa troca simboliza o perdão de Deus e a restauração espiritual de Israel. A visão de Josué representa que, através da purificação e do perdão, Israel será restaurado à sua posição de nação sacerdotal.

Na quinta visão, Zacarias vê um castiçal de ouro e duas oliveiras, que representam Zorobabel e Josué. Deus promete que Zorobabel concluirá a reconstrução do templo, não pela força humana, mas pelo Espírito de Deus. Essa visão encoraja o povo a confiar no poder divino para cumprir a obra de restauração.

A sexta visão é de um rolo voador que traz maldição sobre os ladrões e os que juram falsamente. Esta visão representa a justiça de Deus contra aqueles que desobedecem à Sua Lei. O rolo voador é um lembrete de que a santidade e a honestidade são fundamentais para que Israel experimente a presença de Deus.

Na sétima visão, Zacarias vê uma mulher em um cesto, que simboliza o pecado. O cesto é levado para a terra de Sinear, indicando que o pecado será removido de Israel. Esta visão reafirma o compromisso de Deus com a pureza espiritual de Seu povo e a separação do pecado.

Na oitava visão, Zacarias vê quatro carros que representam os espíritos enviados por Deus para patrulhar a terra. Esta visão simboliza a soberania de Deus sobre o mundo e Sua ação contínua para manter a justiça. Deus, como soberano, cuida de todas as nações e garante que o mundo permaneça sob Sua supervisão.

Zacarias é instruído a coroar Josué, o sumo sacerdote, simbolizando o "Ramo" que virá para governar e unirá o sacerdócio e o reinado. Esse ato profético aponta para o

Messias, que trará paz e justiça. A coroação de Josué como figura messiânica reforça a esperança de um líder divino que restaurará Israel.

Nos capítulos finais, Zacarias traz promessas sobre o futuro de Jerusalém como um centro espiritual e de adoração para todas as nações. Ele anuncia a vinda do Messias, que trará redenção e estabelecerá o Reino de Deus. O livro termina com a visão de um tempo de paz, justiça e glória, onde o Senhor reinará sobre todos os povos.

# MALAQUIAS

## ESBOÇO DO LIVRO DE MALAQUIAS

1. Introdução e o Amor de Deus por Israel (Malaquias 1:1–5)
   - Deus expressa Seu amor por Israel, contrastando-o com o destino de Edom, nação inimiga.

2. Repreensão aos Sacerdotes por Sacrifícios Impuros (Malaquias 1:6–14)
   - Deus critica os sacerdotes por oferecerem sacrifícios defeituosos e desprezarem o altar.

3. Advertência sobre o Compromisso dos Sacerdotes (Malaquias 2:1–9)
   - Advertência aos sacerdotes para que honrem o pacto com Levi e cumpram suas responsabilidades.

4. Infidelidade Marital e Violação da Aliança (Malaquias 2:10–16)
   - Repreensão aos homens de Israel por suas traições conjugais e desprezo pela aliança de casamento.

5. Questionamento sobre a Justiça de Deus (Malaquias 2:17)
   - O povo questiona a justiça de Deus, afirmando que Ele não julga os maus.

6. Promessa do Envio de um Mensageiro (Malaquias 3:1–5)
   - Deus promete enviar um mensageiro para preparar o caminho antes do "Dia do Senhor".

7. Convite ao Arrependimento e à Fidelidade nos Dízimos (Malaquias 3:6–12)
   - Deus chama o povo ao arrependimento e os desafia a serem fiéis nos dízimos e ofertas.

8. A Distinção entre o Justo e o Ímpio (Malaquias 3:13–18)
   - Deus reafirma que há recompensa para os justos e julgamento para os ímpios.

> 9. O "Dia do Senhor" e o Fogo Purificador (Malaquias 4:1–3)
> - O "Dia do Senhor" será um dia de purificação para os justos e de destruição para os ímpios.
>
> 10. Lembrança da Lei de Moisés (Malaquias 4:4)
> - Deus exorta o povo a recordar os mandamentos dados a Moisés, reforçando a aliança.
>
> 11. Promessa do Profeta Elias e o Futuro de Israel (Malaquias 4:5–6)
> - Profecia sobre o envio de Elias para restaurar o coração do povo antes do grande "Dia do Senhor".

## O Livro de Malaquias

O livro de Malaquias começa com uma afirmação do amor de Deus por Israel, lembrando ao povo Seu cuidado ao longo da história. Deus destaca a diferença entre Israel e Edom, enfatizando que, embora Israel frequentemente falhe, Deus permanece fiel à aliança. Essa introdução estabelece a base para o relacionamento entre Deus e Israel.

Deus repreende os sacerdotes por oferecerem sacrifícios defeituosos, como animais cegos e doentes, mostrando desprezo pelo altar. Ele acusa os sacerdotes de desonrar Seu nome, ao não oferecerem o que é puro e digno. A exortação de Deus revela a importância da sinceridade e do respeito na adoração.

Além de criticar os sacrifícios impuros, Deus adverte os sacerdotes a cumprirem seu papel com reverência. Ele lembra o pacto com Levi, que simboliza pureza e fidelidade no serviço a Deus. Os sacerdotes são exortados a serem fiéis e a honrar o compromisso de guiar o povo com integridade espiritual.

Malaquias também denuncia a infidelidade marital entre os homens de Israel, condenando o divórcio e a traição dentro da aliança de casamento. Deus vê a fidelidade no casamento como reflexo da fidelidade ao pacto com Ele. Essa repreensão enfatiza que a pureza nos relacionamentos humanos reflete a pureza do relacionamento com Deus.

O povo questiona a justiça de Deus, alegando que Ele parece não punir os ímpios. Deus responde que está plenamente ciente das injustiças e que o "Dia do Senhor" será um tempo de julgamento e retificação. Esse questionamento mostra a impaciência do povo e a confiança de Deus em Seu próprio tempo e justiça.

Deus promete enviar um mensageiro para preparar o caminho antes do "Dia do Senhor". Essa figura profética anuncia o início de uma nova fase para Israel, chamando-os ao arrependimento. O mensageiro, visto mais tarde como João Batista, prepara o povo para a vinda do Messias e o julgamento divino.

Deus desafia o povo a ser fiel nos dízimos e nas ofertas, assegurando-lhes que Ele derramará bênçãos se obedecerem. Ele expõe o descuido do povo com o sustento do templo e enfatiza que a obediência financeira é uma parte importante do pacto com Ele. Este chamado ao arrependimento é acompanhado por uma promessa de prosperidade.

O profeta destaca que Deus conhece os justos e os diferencia dos ímpios, que um dia serão julgados. Os justos serão recompensados, enquanto os ímpios enfrentarão a justiça. Esta distinção entre os justos e os maus enfatiza que Deus valoriza a fidelidade e promete honrar os que permanecem comprometidos com Ele.

Malaquias anuncia que o "Dia do Senhor" será um tempo de purificação e renovação. Os justos serão como ouro refinado, enquanto os ímpios serão queimados como palha. Esse dia de julgamento e restauração marca o cumprimento das promessas de Deus e a purificação espiritual de Israel.

Deus exorta o povo a lembrar-se da Lei de Moisés, reforçando a necessidade de obedecer aos mandamentos. Este lembrete é uma convocação à fidelidade e à preservação da aliança com Deus. A recordação da lei é fundamental para preparar Israel para o futuro prometido.

O livro termina com a promessa do retorno do profeta Elias, que virá antes do "grande e terrível Dia do Senhor". Sua missão será reconciliar o povo e restaurar os relacionamentos, preparando Israel para a vinda do Messias. Esse encerramento finaliza o Antigo Testamento com uma promessa de esperança e redenção para Israel.

# MATEUS

## ESBOÇO DO LIVRO DE MATEUS

1. Genealogia e Nascimento de Jesus (Mateus 1:1–25)
   - Genealogia de Jesus e relato do Seu nascimento, destacando Sua linhagem davídica e a concepção virginal.

2. Infância de Jesus e Visita dos Magos (Mateus 2:1–23)
   - Visita dos magos, fuga para o Egito e retorno a Nazaré, cumprindo profecias messiânicas.

3. Ministério de João Batista e Batismo de Jesus (Mateus 3:1–17)
   - João Batista anuncia a vinda do Messias e Jesus é batizado, recebendo a confirmação de Deus.

4. Tentação no Deserto (Mateus 4:1–11)
   - Jesus é tentado por Satanás no deserto e resiste, mostrando Sua fidelidade à vontade de Deus.

5. Início do Ministério e Chamado dos Discípulos (Mateus 4:12–25)
   - Jesus começa Seu ministério na Galileia e chama os primeiros discípulos para segui-Lo.

6. Sermão do Monte (Mateus 5–7)
   - Ensinamentos sobre o Reino de Deus, ética cristã, oração e os valores do Reino.

7. Milagres e Curas (Mateus 8–9)
   - Jesus realiza milagres e curas, demonstrando Seu poder sobre a natureza, demônios, doenças e a morte.

8. Comissionamento dos Doze Discípulos (Mateus 10)
   - Jesus envia os doze discípulos para pregar, dar conselhos e advertências sobre perseguições futuras.

9. Ensinos e Parabéns sobre o Reino (Mateus 11–13)

- Parabéns sobre o Reino de Deus e reações do povo, incluindo aqueles que rejeitam a mensagem.

**10. Confirmação da Identidade de Jesus e o Caminho da Cruz (Mateus 14–16)**
- Pedro reconhece Jesus como o Cristo; Jesus anuncia pela primeira vez Sua morte e ressurreição.

**11. A Transfiguração (Mateus 17:1–13)**
- Jesus é transfigurado diante de Pedro, Tiago e João, revelando Sua glória celestial.

**12. Instruções sobre o Reino e a Vida em Comunidade (Mateus 18)**
- Ensinamentos sobre perdão, reconciliação e humildade entre os discípulos.

**13. Ensinos sobre o Divórcio, Riqueza e o Reino (Mateus 19–20)**
- Jesus ensina sobre o divórcio, as dificuldades dos ricos em entrar no Reino e a recompensa para os discípulos.

**14. Entrada Triunfal em Jerusalém e Limpeza do Templo (Mateus 21)**
- Jesus entra em Jerusalém como Rei e purifica o templo, enfrentando a oposição dos líderes religiosos.

**15. Parábolas de Advertência aos Líderes Religiosos (Mateus 22–23)**
- Jesus confronta os líderes religiosos com parábolas e denuncia a hipocrisia deles.

**16. Discursos sobre o Fim dos Tempos (Mateus 24–25)**
- Profecias sobre a destruição de Jerusalém, sinais do fim dos tempos e o julgamento final.

**17. A Última Ceia e a Prisão de Jesus (Mateus 26)**
- Preparativos para a Páscoa, última ceia com os discípulos e a prisão de Jesus no Getsêmani.

**18. Crucificação e Morte de Jesus (Mateus 27)**
- Julgamento, sofrimento, crucificação e morte de Jesus, com sinais sobrenaturais e o testemunho do centurião.

> 19. Ressurreição e Grande Comissão (Mateus 28)
> - Ressurreição de Jesus, aparecimento aos discípulos e a Grande Comissão para evangelizar todas as nações.

## O Livro de Mateus

O livro de Mateus começa com a genealogia de Jesus, que confirma Sua linhagem davídica e cumprimento das profecias messiânicas. Mateus narra o nascimento de Jesus, destacando a concepção virginal e o papel de José como Seu pai terreno. Este início estabelece Jesus como o Messias prometido a Israel, ligado tanto a Abraão quanto a Davi.

Em seguida, Mateus descreve a infância de Jesus, incluindo a visita dos magos e a fuga para o Egito para escapar de Herodes. O retorno à Galileia e o assentamento em Nazaré também cumprem profecias, preparando Jesus para Sua missão. Esses eventos revelam a providência de Deus em preservar Seu Filho desde o nascimento.

O ministério de Jesus é anunciado por João Batista, que prega arrependimento e batiza aqueles que buscam o perdão. Jesus é batizado por João, e o Espírito Santo desce sobre Ele, acompanhado por uma voz celestial confirmando Sua filiação divina. Este momento marca o início do ministério público de Jesus.

Após o batismo, Jesus é levado ao deserto, onde enfrenta e vence as tentações de Satanás. Ele rejeita a oportunidade de usar Seus poderes para satisfazer necessidades egoístas, reafirmando Sua total submissão à vontade de Deus. Essa resistência demonstra Sua fidelidade e autoridade sobre o mal.

Iniciando Seu ministério, Jesus chama discípulos como Pedro, André, Tiago e João para seguirem-nO. Ele começa a pregar e realizar milagres na Galileia, atraindo grandes multidões. Esse início é marcado pelo chamado ao arrependimento e pelo convite aos discípulos para serem "pescadores de homens."

# A Bíblia - Manual de Estudo

No Sermão do Monte, Jesus ensina sobre os valores do Reino de Deus, abordando questões como humildade, misericórdia e amor ao próximo. Ele instrui sobre oração, justiça e a confiança em Deus, apresentando o estilo de vida ideal dos seguidores do Reino. Esse discurso é central para a ética cristã.

Jesus realiza uma série de milagres, incluindo a cura de leprosos, a ressurreição de mortos e a expulsão de demônios. Esses milagres mostram Sua compaixão e Seu poder divino, evidenciando que Ele é o Messias. Através desses atos, Jesus demonstra a chegada do Reino de Deus entre o povo.

Ao enviar os doze discípulos em uma missão, Jesus os prepara para enfrentar a oposição e compartilha orientações sobre a pregação do Reino. Ele alerta sobre as perseguições futuras, mas promete Sua presença. Esse envio simboliza a expansão inicial do evangelho e a preparação para os desafios que viriam.

Mateus apresenta as parábolas de Jesus, que ilustram verdades sobre o Reino e os diferentes tipos de resposta à mensagem. Jesus também enfrenta críticas e rejeição de alguns líderes, mas continua anunciando o Reino de Deus. Essas parábolas revelam a profundidade do ensino de Jesus e Seu foco no coração do ouvinte.

Pedro confessa Jesus como o Cristo, e Jesus começa a preparar os discípulos para Sua morte e ressurreição. Essa confissão é um momento chave, pois Jesus revela o sacrifício que fará para redimir a humanidade. Ele desafia Seus discípulos a tomarem sua cruz, enfatizando o custo de segui-Lo.

A transfiguração de Jesus confirma Sua divindade, com Pedro, Tiago e João vendo Sua glória celestial. Moisés e Elias aparecem ao lado de Jesus, representando a Lei e os Profetas. Esse evento fortalece os discípulos, confirmando a identidade de Jesus como o Filho de Deus e Sua missão redentora.

Jesus ensina sobre o perdão, a reconciliação e o cuidado entre os discípulos, formando a base para a vida em comunidade. Ele instrui sobre o tratamento dos pecadores e a importância do perdão mútuo, enfatizando o amor e a compaixão como pilares do Reino de Deus.

Abordando temas como o divórcio, a riqueza e o Reino, Jesus expande Seus ensinamentos, desafiando conceitos religiosos da época. Ele enfatiza o valor das crianças e a dificuldade dos ricos em seguir a Deus, abordando a recompensa final dos discípulos. Estes ensinamentos reforçam os princípios do Reino.

Em Jerusalém, Jesus entra como Rei e purifica o templo, confrontando a corrupção religiosa. Ele enfrenta a oposição crescente dos líderes, que planejam matá-Lo. A entrada triunfal é um cumprimento profético e um marco no ministério de Jesus, que desafia diretamente as autoridades.

Jesus confronta os líderes religiosos por sua hipocrisia, usando parábolas para ilustrar a rejeição do Reino por eles. Ele denuncia sua corrupção e alerta sobre o julgamento vindouro. Esses discursos representam o conflito entre a nova mensagem de Jesus e o sistema religioso estabelecido.

Jesus profetiza sobre o fim dos tempos e o julgamento final, alertando sobre os falsos profetas e a importância da vigilância. Ele descreve o "Dia do Senhor" e o destino eterno de justos e ímpios, enfatizando a urgência da preparação para a volta do Filho do Homem.

Na última ceia, Jesus institui a Eucaristia e se despede dos discípulos, que logo testemunham Sua prisão e julgamento. No Getsêmani, Jesus ora intensamente antes de ser traído. Esses eventos demonstram Sua humanidade e Seu amor, pois Ele se entrega voluntariamente à morte.

Jesus é crucificado, e a narrativa descreve os sinais sobrenaturais que acompanham Sua morte, incluindo a escuridão e o terremoto. A morte de Jesus é o ponto central da redenção, simbolizando o sacrifício pelo pecado da humanidade. Sua morte impacta profundamente todos os presentes.

O livro termina com a ressurreição de Jesus, que aparece aos discípulos e os comissiona a fazer discípulos de todas as nações. Esse evento final confirma a vitória sobre a morte e o poder de Jesus. A Grande Comissão encerra o livro com o chamado para espalhar o evangelho ao mundo, continuando a obra de Jesus.

# MARCOS

## ESBOÇO DO LIVRO DE MARCOS

1. Introdução e Ministério de João Batista (Marcos 1:1–8)
   - João Batista anuncia a vinda do Messias e prega o arrependimento, preparando o caminho para Jesus.

2. Batismo e Tentação de Jesus (Marcos 1:9–13)
   - Jesus é batizado e confirmado como Filho de Deus, em seguida, é tentado no deserto.

3. Início do Ministério na Galileia e Chamado dos Discípulos (Marcos 1:14–20)
   - Jesus começa a pregar o Reino de Deus e chama os primeiros discípulos.

4. Primeiros Milagres e Ensinos (Marcos 1:21–45)
   - Jesus realiza curas e exorcismos, demonstrando Sua autoridade espiritual.

5. Perdão dos Pecados e Conflito com os Líderes (Marcos 2:1–3:6)
   - Jesus perdoa pecados e confronta os líderes religiosos sobre a Lei e o sábado.

6. Escolha dos Doze Apóstolos (Marcos 3:7–19)
   - Jesus escolhe e comissiona os doze discípulos para Seu ministério.

7. Parábolas sobre o Reino de Deus (Marcos 4:1–34)
   - Jesus ensina sobre o Reino de Deus através de parábolas como a do semeador e a da semente de mostarda.

8. Milagres e Poder sobre a Natureza (Marcos 4:35–5:43)
   - Jesus acalma a tempestade e realiza curas, incluindo a ressurreição da filha de Jairo.

> 9. Rejeição em Nazaré e Envio dos Discípulos (Marcos 6:1–13)
> - Jesus é rejeitado em Sua cidade natal e envia os discípulos para pregarem.
>
> 10. Multiplicação dos Pães e Andar sobre as Águas (Marcos 6:14–56)
> - Jesus alimenta cinco mil e caminha sobre o mar, revelando Seu poder divino.
>
> 11. Confronto com os Fariseus e Ensinamento sobre a Pureza (Marcos 7:1–23)
> - Jesus confronta os fariseus sobre a pureza e ensina sobre a verdadeira pureza do coração.
>
> 12. Confissão de Pedro e Anúncio da Paixão (Marcos 8:27–9:1)
> - Pedro confessa Jesus como o Messias; Jesus anuncia Sua morte e ressurreição.
>
> 13. A Transfiguração (Marcos 9:2–13)
> - Jesus é transfigurado diante de Pedro, Tiago e João, revelando Sua glória.
>
> 14. Ensinamentos Finais e Entrada em Jerusalém (Marcos 10–11)
> - Jesus ensina sobre o discipulado, entra triunfante em Jerusalém e purifica o templo.
>
> 15. Paixão, Morte e Ressurreição (Marcos 14–16)
> - Última ceia, prisão, julgamento, crucificação e ressurreição de Jesus; termina com a comissão aos discípulos.

## O Livro de Marcos

O livro de Marcos começa com a pregação de João Batista, que anuncia a vinda do Messias e prega o arrependimento. João batiza Jesus no rio Jordão, onde o Espírito Santo desce sobre Ele e uma voz do céu o declara Filho de Deus. Após o batismo, Jesus é levado ao deserto para ser tentado por Satanás, mas permanece fiel a Deus.

Jesus inicia Seu ministério na Galileia, proclamando a chegada do Reino de Deus e chamando os primeiros discípulos. Ele convida Pedro, André, Tiago e João para segui-Lo, formando o núcleo inicial de Seus seguidores. Jesus chama as pessoas a se arrependerem e crerem na boa nova do Reino.

No início de Seu ministério, Jesus realiza milagres, como curar um homem possuído por um espírito impuro e curar a sogra de Pedro. Ele realiza curas e exorcismos, demonstrando Seu poder sobre o mundo espiritual e Suas ações atraem uma grande multidão. Sua autoridade impressiona o povo, mas também chama a atenção dos líderes religiosos.

Jesus começa a enfrentar a oposição dos líderes religiosos quando declara o perdão dos pecados de um homem paralítico, algo que os líderes acreditam ser blasfêmia. Ele confronta os fariseus sobre a observância do sábado e a Lei, e Seus ensinamentos desafiadores aumentam a tensão. Esse conflito inicial marca o início da rejeição que Jesus enfrentará.

Ele escolhe doze discípulos para estarem próximos e compartilhar de Sua missão. Esses homens, chamados apóstolos, são comissionados para ajudar na pregação do Reino e realizar milagres. A escolha dos doze representa o estabelecimento de um novo povo de Deus, com Jesus como o centro de sua fé.

Jesus ensina sobre o Reino de Deus através de parábolas, como a do semeador e a da semente de mostarda. Ele explica que o Reino de Deus cresce de maneira misteriosa e gradual, nem sempre visível. Esses ensinamentos ajudam os discípulos a entenderem o caráter espiritual do Reino, que é diferente do que muitos esperavam.

Jesus demonstra Seu poder sobre a natureza ao acalmar uma tempestade e, mais tarde, cura a filha de Jairo e uma mulher que sofria de hemorragia. Esses milagres mostram que Jesus tem autoridade sobre a vida e a morte, fortalecendo a fé dos discípulos e revelando o cuidado de Deus pelo sofrimento humano.

Quando retorna a Nazaré, Jesus é rejeitado por Seus próprios conterrâneos, que duvidam de Sua autoridade e origem divina. Ele, então, envia os discípulos para pregar e realizar milagres, preparando-os para a missão. Essa rejeição em Nazaré é uma antecipação da oposição que Ele enfrentará em Jerusalém.

Jesus realiza o milagre da multiplicação dos pães, alimentando cinco mil pessoas, e em seguida caminha sobre as águas. Esses sinais demonstram Seu poder divino e Sua capacidade de prover para o povo de Deus. A multiplicação dos pães prefigura a abundância espiritual que Jesus traz ao povo.

Ele confronta os fariseus sobre a verdadeira pureza, ensinando que o que torna uma pessoa impura é o que sai do coração, não apenas observâncias externas. Esse ensinamento redefine a pureza e a santidade, criticando as tradições que colocam o foco na aparência e não na transformação interior.

Pedro confessa que Jesus é o Messias, mas Jesus começa a ensinar que o Messias deve sofrer, morrer e ressuscitar. Essa revelação desconcerta os discípulos, que ainda não entendem o caminho da cruz. Jesus desafia os discípulos a tomarem sua própria cruz, enfatizando o custo do discipulado.

Na transfiguração, Jesus revela Sua glória a Pedro, Tiago e João, enquanto conversa com Moisés e Elias. Essa experiência fortalece os discípulos e confirma a identidade divina de Jesus. Ela antecipa a glória da ressurreição e oferece uma visão de esperança em meio ao caminho de sofrimento que virá.

Jesus ensina sobre a humildade, o casamento, e a riqueza, explicando que o Reino de Deus pertence aos que se tornam como crianças. Ele faz uma entrada triunfal em Jerusalém, onde é saudado como rei, e purifica o templo, desafiando a corrupção religiosa. Esses atos simbolizam Sua autoridade e a renovação da adoração.

Na última ceia, Jesus institui a Eucaristia e se prepara para o sofrimento que virá. Ele é traído, preso e submetido a um julgamento injusto, culminando em Sua crucificação. Apesar das provações, Jesus permanece obediente, entregando-se como sacrifício para a redenção dos pecados.

O livro termina com a ressurreição de Jesus, que aparece aos discípulos e os comissiona a pregar o evangelho a toda criatura. A vitória de Jesus sobre a morte confirma Sua identidade como Filho de Deus e inaugura a missão da Igreja. Com Sua ressurreição, Jesus capacita Seus seguidores a continuarem Sua obra de salvação no mundo.

# LUCAS

## ESBOÇO DO LIVRO DE LUCAS

1. Introdução e Nascimento de João Batista e Jesus (Lucas 1)
   - Relato detalhado do nascimento de João Batista e da anunciação do nascimento de Jesus.

2. Nascimento de Jesus e Primeiras Profecias (Lucas 2:1–40)
   - Nascimento de Jesus, visita dos pastores e profecias de Simeão e Ana no templo.

3. Infância de Jesus e Visita ao Templo (Lucas 2:41–52)
   - Jesus, aos doze anos, ensina no templo, revelando Seu entendimento precoce das coisas de Deus.

4. Pregação de João Batista e Batismo de Jesus (Lucas 3:1–22)
   - Ministério de João, o batismo de Jesus e a genealogia que liga Jesus a Adão.

5. Tentação de Jesus no Deserto (Lucas 4:1–13)
   - Jesus é tentado por Satanás, mas vence, reafirmando Sua fidelidade à missão divina.

6. Início do Ministério na Galileia e Rejeição em Nazaré (Lucas 4:14–30)
   - Jesus prega em Nazaré, mas é rejeitado; inicia Seu ministério na Galileia com autoridade.

7. Chamado dos Discípulos e Primeiros Milagres (Lucas 5)
   - Jesus chama os primeiros discípulos e realiza milagres que atraem grande multidão.

8. Ensinos e Milagres sobre o Reino de Deus (Lucas 6–7)
   - Sermão da Planície, cura de um servo, ressurreição do filho da viúva e perdão de pecados.

9. Parábolas sobre o Reino e a Compaixão (Lucas 8–9)

A Bíblia - Manual de Estudo

> - Parábolas e milagres, incluindo a cura da mulher hemorrágica e a ressurreição da filha de Jairo.
>
> 10. Envio dos Doze e o Custo do Discipulado (Lucas 9:1–62)
> - Envio dos discípulos, transfiguração e ensinamentos sobre o custo de segui-Lo.
>
> 11. A Oração e Parábolas sobre o Amor ao Próximo (Lucas 10–11)
> - Parábola do Bom Samaritano e ensinamentos sobre oração e relacionamento com Deus.
>
> 12. Ensinamentos sobre a Riqueza e o Reino (Lucas 12–13)
> - Jesus instrui sobre o perigo da avareza e a importância de estar preparado para o Reino.
>
> 13. Parábolas sobre a Compaixão e o Perdão (Lucas 15–16)
> - Parábolas do Filho Pródigo, da ovelha perdida e do mordomo infiel, enfatizando a misericórdia de Deus.
>
> 14. A Entrada Triunfal e os Ensinos em Jerusalém (Lucas 19–21)
> - Entrada em Jerusalém, purificação do templo e discurso sobre o fim dos tempos.
>
> 15. A Última Ceia, Crucificação e Ressurreição (Lucas 22–24)
> - Última Ceia, prisão, julgamento, crucificação e ressurreição de Jesus; encontro com os discípulos em Emaús.

## O Livro de Lucas

O livro de Lucas começa com um relato detalhado do nascimento de João Batista e a anunciação a Maria sobre o nascimento de Jesus. O anjo Gabriel anuncia a vinda do Messias, e a jovem Maria aceita a missão com humildade. Este início estabelece o papel de João como precursor de Jesus e destaca o plano de Deus em trazer salvação ao mundo.

O nascimento de Jesus é narrado com a visita dos pastores e o encontro com Simeão e Ana, que reconhecem o

Messias no templo. Esses eventos refletem a esperança e alegria que o nascimento de Jesus trouxe para Israel e para todos que aguardavam a redenção. A infância de Jesus é marcada por um incidente em que, aos doze anos, Ele ensina no templo, mostrando Seu entendimento profundo das Escrituras.

João Batista prega o arrependimento e prepara o caminho para o ministério de Jesus. Jesus é batizado e uma voz do céu O declara Filho de Deus, seguido por uma genealogia que O liga a Adão, enfatizando Sua conexão com toda a humanidade. Após o batismo, Jesus é levado ao deserto e resiste à tentação de Satanás, reafirmando Seu compromisso com a missão divina.

Ao iniciar Seu ministério na Galileia, Jesus prega na sinagoga em Nazaré e é rejeitado por Seus próprios conterrâneos. Ele declara que Sua missão inclui alcançar os marginalizados, e então segue para outras cidades, onde é bem recebido. Esse início estabelece o tema de rejeição e aceitação que continuará ao longo de Seu ministério.

Jesus chama os primeiros discípulos e começa a realizar milagres, como a cura de um leproso e de um paralítico, que atraem grandes multidões. Esses milagres demonstram o poder de Jesus sobre as enfermidades e Suas credenciais como Messias. Ele convida os discípulos a deixar tudo e segui-Lo, iniciando uma nova comunidade de seguidores.

O Sermão da Planície expande os ensinamentos de Jesus sobre o amor, a misericórdia e a humildade, destacando o caráter ético do Reino de Deus. Ele também realiza milagres significativos, como a cura do servo do centurião e a ressurreição do filho da viúva de Naim. Estes atos mostram a compaixão de Jesus e Sua disposição de alcançar todos.

Jesus ensina através de parábolas, como a do semeador, e realiza milagres que revelam Sua autoridade, como a expulsão de demônios e a cura da mulher hemorrágica. A ressurreição da filha de Jairo demonstra Seu poder sobre a morte e fortalece a fé dos discípulos, mostrando o amor de Deus pelo Seu povo.

Jesus envia os doze discípulos para pregarem e ensina sobre o custo de segui-Lo, antecipando Suas dificuldades futuras. A transfiguração revela Sua glória celestial e confirma Sua identidade divina. Jesus instrui os discípulos sobre o sacrifício e o comprometimento necessários para fazer parte do Reino.

No ensino sobre a oração, Jesus apresenta a parábola do Bom Samaritano, que destaca o amor ao próximo e a compaixão. Ele ensina aos discípulos a importância de um relacionamento próximo com Deus e a necessidade de uma vida de oração. A lição da misericórdia no Bom Samaritano exemplifica o caráter inclusivo do Reino.

Jesus alerta sobre os perigos da avareza e ensina que é preciso estar preparado para o Reino. Ele fala sobre o valor da generosidade e a importância de confiar em Deus em vez das riquezas. Esses ensinamentos ajudam os discípulos a entenderem que o Reino de Deus está além dos valores materiais.

Nas parábolas da ovelha perdida e do filho pródigo, Jesus destaca a compaixão de Deus e o Seu desejo de perdoar. Ele mostra que Deus celebra a volta dos pecadores arrependidos e enfatiza a alegria do Pai celestial ao receber de volta aqueles que se desviaram. Esse tema do perdão revela o coração de Deus para os que buscam arrependimento.

Jesus faz Sua entrada triunfal em Jerusalém, onde é aclamado como rei e purifica o templo, confrontando os líderes religiosos. Ele ensina sobre o Reino e adverte sobre o fim dos tempos, chamando os discípulos a permanecerem vigilantes. Esses eventos demonstram a autoridade de Jesus e Sua posição como Messias.

Na última ceia com os discípulos, Jesus institui a Eucaristia e fala sobre Seu sacrifício iminente. Ele é traído, preso e levado a julgamento, onde enfrenta falsas acusações e é condenado à crucificação. Durante todo o processo, Jesus mantém Sua disposição de obedecer a Deus e de cumprir Seu papel redentor.

A crucificação de Jesus é seguida por sinais sobrenaturais, como a escuridão e o véu do templo rasgado, indicando a profundidade de Seu sacrifício. Mesmo na morte, Ele oferece perdão e compaixão aos outros, mostrando Sua graça. A morte de Jesus é um ato redentor que traz salvação à humanidade.

O livro de Lucas conclui com a ressurreição de Jesus, que aparece a dois discípulos no caminho de Emaús e mais tarde aos outros discípulos. Ele os ensina sobre as Escrituras e comissiona a pregação do evangelho a todas as nações. A vitória de Jesus sobre a morte confirma Sua divindade e inaugura a missão da Igreja, chamando todos a seguirem Sua mensagem.Aqui está o esboço do livro de Lucas, seguido por um resumo em 15 parágrafos de aproximadamente seis linhas cada.

# JOÃO

## ESBOÇO DO LIVRO DE JOÃO

1. Prólogo: O Verbo se Faz Carne (João 1:1–18)
   - Introdução poética sobre a divindade de Jesus, o Verbo eterno que se fez carne e habitou entre nós.

2. Testemunho de João Batista (João 1:19–34)
   - João Batista testemunha sobre Jesus como o Cordeiro de Deus, apontando para Sua missão redentora.

3. Chamado dos Primeiros Discípulos (João 1:35–51)
   - Jesus chama os primeiros discípulos, incluindo André, Pedro e Natanael.

4. Primeiro Milagre: As Bodas de Caná (João 2:1–12)
   - Jesus transforma água em vinho, revelando Sua glória e despertando fé em Seus discípulos.

5. Limpeza do Templo e Conversa com Nicodemos (João 2:13–3:21)
   - Jesus purifica o templo e ensina sobre o novo nascimento a Nicodemos.

6. Testemunho Final de João Batista (João 3:22–36)
   - João Batista testemunha que Jesus deve crescer enquanto ele diminui, reafirmando a superioridade de Jesus.

7. O Encontro com a Mulher Samaritana (João 4:1–42)
   - Jesus conversa com uma mulher samaritana e revela ser o Messias, iniciando a fé entre os samaritanos.

8. Curas e Sinais em Jerusalém e na Galileia (João 4:43–5:15)
   - Jesus cura o filho de um oficial e um paralítico, demonstrando compaixão e poder.

9. Discurso sobre o Filho e o Pai (João 5:16–47)

> - Jesus explica Sua relação única com o Pai e defende Sua autoridade divina.
>
> 10. Multiplicação dos Pães e Discurso do Pão da Vida (João 6)
>    - Jesus alimenta cinco mil pessoas e ensina sobre ser o "Pão da Vida" que dá vida eterna.
>
> 11. Conflito e Revelação Durante a Festa dos Tabernáculos (João 7–8)
>    - Jesus ensina durante a festa e declara ser a "Luz do Mundo", confrontando os líderes religiosos.
>
> 12. Cura do Cego de Nascença e o Bom Pastor (João 9–10)
>    - Jesus cura um cego de nascença e declara ser o "Bom Pastor" que cuida de Suas ovelhas.
>
> 13. Ressurreição de Lázaro e o Consequente Conflito (João 11)
>    - Jesus ressuscita Lázaro, levando muitos a crerem n'Ele, mas aumentando a oposição dos líderes.
>
> 14. Última Ceia, Ensinamentos e Oração Sacerdotal (João 13–17)
>    - Jesus lava os pés dos discípulos, ensina sobre o Espírito Santo e ora pela unidade de Seus seguidores.
>
> 15. Prisão, Julgamento, Crucificação e Ressurreição (João 18–21)
>    - Jesus é traído, julgado, crucificado e ressuscita; conclui com aparições e a restauração de Pedro.

## O Livro de João

O livro de João começa com um prólogo profundo sobre a divindade de Jesus, descrevendo-O como o Verbo eterno que estava com Deus e era Deus. João destaca que o Verbo se fez carne e habitou entre nós, revelando a glória de Deus. Este prólogo estabelece a base teológica do livro, apresentando Jesus como a manifestação de Deus ao mundo.

João Batista aparece como testemunha, declarando Jesus como o Cordeiro de Deus que tira o pecado do mundo.

# João

Ele aponta Seus discípulos para Jesus, reconhecendo Sua missão redentora. João Batista exalta a superioridade de Jesus e enfatiza que Ele veio para trazer salvação.

Jesus começa a chamar os primeiros discípulos, incluindo André, Pedro e Natanael. Estes encontros revelam que Jesus tem um conhecimento profundo de cada pessoa e atrai seguidores por Sua autoridade e compreensão. Esse grupo inicial de discípulos começa a acreditar n'Ele e a segui-Lo.

O primeiro milagre de Jesus, nas bodas de Caná, revela Sua glória quando transforma água em vinho. Esse milagre não só demonstra Seu poder, mas também simboliza a transformação que Ele oferece à vida humana. A fé dos discípulos se fortalece ao testemunharem Sua autoridade divina.

Jesus purifica o templo em Jerusalém, criticando a comercialização da religião. Em uma conversa profunda com Nicodemos, Ele ensina sobre o novo nascimento, explicando que a salvação vem através da fé e do renascimento espiritual. Jesus apresenta a necessidade de crer n'Ele para ter vida eterna.

João Batista reafirma que Jesus deve crescer enquanto ele diminui, reconhecendo Sua missão como superior. Ele declara que Jesus é aquele que vem do céu e tem autoridade para dar vida eterna. Este testemunho final de João Batista aponta para o papel central de Jesus na redenção da humanidade.

No encontro com a mulher samaritana, Jesus rompe barreiras culturais e religiosas, revelando-Se como o Messias. Ele ensina sobre a água viva que satisfaz para sempre e leva muitos samaritanos à fé. Este episódio destaca o alcance universal do evangelho e a compaixão de Jesus.

Jesus realiza curas, incluindo a do filho de um oficial e de um paralítico, demonstrando Seu poder sobre a doença e o sofrimento. Esses sinais fortalecem a fé do povo e mostram a disposição de Jesus em atender às necessidades físicas e espirituais daqueles que O buscam.

Em um discurso poderoso, Jesus afirma Sua relação única com o Pai, explicando que Ele age com autoridade divina. Ele declara que o Pai confiou a Ele o julgamento e a vida eterna. Essa revelação da unidade com o Pai é central para o entendimento de Jesus como o Filho de Deus.

Na multiplicação dos pães, Jesus alimenta uma grande multidão e, em seguida, ensina que Ele é o "Pão da Vida". Ele oferece-Se como o verdadeiro alimento espiritual que sustenta eternamente. Esta declaração desafia os ouvintes a buscar uma conexão mais profunda e duradoura com Ele.

Durante a Festa dos Tabernáculos, Jesus proclama ser a "Luz do Mundo", trazendo uma nova compreensão de Sua missão. Ele confronta os líderes religiosos sobre seu orgulho e incredulidade, o que intensifica o conflito entre eles. Jesus oferece luz e verdade a todos que creem n'Ele.Jesus cura um homem cego de nascença, um sinal de Sua compaixão e poder. Ele também ensina que é o "Bom Pastor", que conhece e cuida de Suas ovelhas. Esta declaração ilustra o relacionamento de cuidado e segurança que Jesus oferece a todos que O seguem.

A ressurreição de Lázaro é um dos sinais mais poderosos, pois demonstra o poder de Jesus sobre a morte. Esse milagre leva muitos a crerem, mas também intensifica a oposição dos líderes religiosos, que veem em Jesus uma ameaça à sua autoridade. Este evento é um prelúdio para Sua própria ressurreição.

Durante a Última Ceia, Jesus lava os pés dos discípulos, ensina sobre o amor e promete o Espírito Santo. Ele ora pela unidade dos Seus seguidores e fortalece-os para os desafios que virão. A oração sacerdotal de Jesus reflete Seu amor e Seu compromisso com a redenção.

Finalmente, Jesus é traído, julgado, crucificado e ressuscita ao terceiro dia. Suas aparições pós-ressurreição fortalecem a fé dos discípulos, e Ele restaura Pedro, dando-lhe uma nova missão. O evangelho termina com a certeza da vitória de Jesus sobre a morte e a promessa de vida eterna para todos que creem n'Ele.

# ATOS

## Esboço do Livro de Atos

1. Ascensão de Jesus e Promessa do Espírito Santo (Atos 1:1–11)
   - Jesus instrui os discípulos, promete o Espírito Santo e é elevado aos céus.

2. A Eleição de Matias (Atos 1:12–26)
   - Os discípulos escolhem Matias para substituir Judas entre os doze apóstolos.

3. Pentecostes e o Derramamento do Espírito Santo (Atos 2:1–13)
   - O Espírito Santo é derramado sobre os discípulos, capacitando-os a falar em várias línguas.

4. Primeiro Sermão de Pedro e Conversão de Três Mil (Atos 2:14–41)
   - Pedro prega sobre Jesus como Messias e três mil pessoas se convertem.

5. Vida da Primeira Comunidade Cristã (Atos 2:42–47)
   - A Igreja primitiva vive em comunhão, partilha e adoração, servindo como exemplo de amor e unidade.

6. Cura do Coxo e Prisão de Pedro e João (Atos 3–4)
   - Pedro cura um homem coxo e é preso com João, mas continua a testemunhar com coragem.

7. Perseverança sob Perseguição e a Oração da Igreja (Atos 4:23–31)
   - A Igreja ora pela ousadia de pregar, e Deus responde fortalecendo-os.

8. Problemas Internos e Disciplina de Ananias e Safira (Atos 5:1–11)

- Ananias e Safira mentem sobre suas ofertas e enfrentam a disciplina de Deus.

9. Escolha dos Sete Diáconos (Atos 6:1–7)
   - Sete homens são escolhidos para servir, incluindo Estêvão, para cuidar das necessidades da comunidade.

10. Martírio de Estêvão (Atos 6:8–7:60)
    - Estêvão, o primeiro mártir cristão, testemunha corajosamente e é apedrejado.

11. Expansão do Evangelho na Samaria e Conversão de Simão, o Mago (Atos 8:1–25)
    - Filipe prega na Samaria e Simão, o Mago, tenta comprar o poder do Espírito Santo.

12. Conversão de Saulo (Paulo) no Caminho de Damasco (Atos 9:1–31)
    - Saulo é confrontado por Jesus e convertido, passando a ser um grande defensor do cristianismo.

13. A Missão de Pedro e a Conversão de Cornélio (Atos 10–11)
    - Pedro prega aos gentios e Cornélio, o centurião, e sua casa se convertem, sinalizando a inclusão dos gentios.

14. Primeira Viagem Missionária de Paulo (Atos 13–14)
    - Paulo e Barnabé são enviados pelo Espírito Santo e iniciam uma missão entre judeus e gentios.

15. Concílio de Jerusalém e Expansão do Evangelho (Atos 15)
    - Os apóstolos discutem a aceitação dos gentios e afirmam que a salvação é pela graça, fortalecendo a Igreja.

## O Livro de Atos

O livro de Atos começa com a ascensão de Jesus, que instrui os discípulos a aguardarem o Espírito Santo. Ele os chama a serem testemunhas em Jerusalém, na Judeia, em Samaria e até os confins da terra. Depois de ascender aos céus, dois anjos aparecem, confirmando que Jesus retornará da mesma forma.

Com a partida de Jesus, os discípulos escolhem Matias para substituir Judas Iscariotes, mantendo o número de doze apóstolos. Esse ato é feito com oração e discernimento, indicando a importância da liderança espiritual na Igreja. A restauração do grupo fortalece o grupo enquanto aguardam a promessa do Espírito.

No Pentecostes, o Espírito Santo é derramado sobre os discípulos, capacitando-os a falar em várias línguas. Esse evento marca o início do ministério poderoso dos apóstolos, atraindo a atenção de pessoas de várias nações. A presença do Espírito inaugura uma nova era para a Igreja.

Pedro prega o primeiro sermão público, explicando que Jesus é o Messias prometido. Sua mensagem atinge o coração da multidão e três mil pessoas se convertem. Este evento marca a fundação oficial da Igreja, que cresce rapidamente com o poder do Espírito e a pregação dos apóstolos.

A primeira comunidade cristã é caracterizada pela comunhão, oração e partilha de bens. Os crentes dedicam-se ao ensino dos apóstolos e ao serviço uns aos outros, vivendo em unidade. Essa comunidade é um modelo de amor e unidade que continua a inspirar a Igreja.

Pedro cura um coxo no templo, o que causa grande admiração entre o povo e leva muitos a crerem. Ele e João são presos, mas, com coragem, testemunham sobre Jesus perante o Sinédrio. Esse episódio mostra que a Igreja continuará a crescer apesar da oposição.

Diante da perseguição, a Igreja ora pedindo ousadia, e Deus responde fortalecendo-os com o Espírito. Os crentes continuam a pregar com ousadia, mesmo diante da perseguição. Esse momento reforça a importância da oração e da dependência de Deus em tempos de dificuldade.

A honestidade e a santidade são enfatizadas com a história de Ananias e Safira, que mentem sobre suas ofertas e são disciplinados por Deus. Esse episódio mostra que Deus leva a pureza da Igreja a sério e que a integridade é essencial na vida dos crentes.

Para atender às necessidades da comunidade, os apóstolos escolhem sete diáconos, incluindo Estêvão, um homem cheio do Espírito. Essa escolha permite que os apóstolos se dediquem à oração e ao ensino, enquanto os diáconos cuidam das necessidades práticas. Este passo fortalece a estrutura da Igreja e a unidade.

Estêvão se torna o primeiro mártir da Igreja, sendo apedrejado por seu testemunho sobre Jesus. Sua morte provoca uma grande dispersão de crentes, mas eles continuam a pregar onde quer que vão. Estêvão é um exemplo de coragem e dedicação, inspirando muitos a seguir a Cristo.

Filipe prega o evangelho na Samaria, e muitos se convertem, incluindo Simão, o Mago, que tenta comprar o poder do Espírito. Esse evento reforça que o Espírito Santo é um dom de Deus e não algo que pode ser comprado ou manipulado. A pregação de Filipe abre novas portas para o evangelho.

Saulo, um perseguidor da Igreja, encontra Jesus no caminho de Damasco e é transformado em um apóstolo dedicado. Sua conversão é um ponto crucial para a expansão do evangelho, pois Saulo (Paulo) se tornará um dos maiores missionários da Igreja. A história de Paulo demonstra o poder de Deus para transformar vidas.

Pedro é chamado para pregar a Cornélio, um centurião gentio, que se converte junto com sua família. Esse evento é um marco na inclusão dos gentios na Igreja, mostrando que a salvação é para todos. Pedro aprende que Deus não faz acepção de pessoas, e o evangelho é para todas as nações.

Paulo e Barnabé realizam a primeira viagem missionária, pregando o evangelho em várias cidades e enfrentando oposição. Eles testemunham tanto a judeus quanto a gentios, levando muitos à fé em Cristo. Essa viagem estabelece o padrão para a obra missionária e a expansão do cristianismo.

O Concílio de Jerusalém se reúne para resolver a questão da inclusão dos gentios e conclui que a salvação é pela graça. Essa decisão fortalece a unidade da Igreja e confirma a aceitação dos gentios. O livro termina com a Igreja fortalecida, espalhando o evangelho com ousadia em toda a região.

# Romanos

## Esboço do Livro de Romanos

1. Introdução e Saudação (Romanos 1:1–17)
   - Paulo se apresenta, declara seu chamado e compartilha o tema de Romanos: a justiça de Deus revelada pela fé.

2. A Condição Pecaminosa da Humanidade (Romanos 1:18–3:20)
   - Paulo descreve a depravação humana e a universalidade do pecado, mostrando que todos, judeus e gentios, são culpados.

3. Justificação pela Fé em Jesus Cristo (Romanos 3:21–31)
   - Paulo explica que a justiça de Deus é concedida a todos que têm fé em Cristo, independente das obras da Lei.

4. Exemplo de Abraão: Justificação pela Fé (Romanos 4)
   - Abraão é apresentado como exemplo de alguém que foi justificado pela fé, antes da Lei.

5. Benefícios da Justificação (Romanos 5:1–11)
   - Paulo discute os benefícios da justificação, como paz com Deus e esperança na glória divina.

6. Adão e Cristo: O Pecado e a Graça (Romanos 5:12–21)
   - Comparação entre Adão, que trouxe o pecado, e Cristo, que trouxe a graça e a vida.

7. Santificação e Liberdade do Pecado (Romanos 6)
   - Paulo ensina que, através de Cristo, os crentes estão livres do pecado e chamados a viver uma vida santa.

8. A Luta com o Pecado e a Lei (Romanos 7)
   - Paulo descreve a luta interna com o pecado e o papel da Lei em revelar a necessidade de um Salvador.

9. A Vida no Espírito e a Vitória sobre a Condenação (Romanos 8)

# A Bíblia - Manual de Estudo

> - Paulo celebra a vida no Espírito e a liberdade da condenação, destacando a segurança da salvação em Cristo.
>
> **10. Israel e o Plano Redentor de Deus (Romanos 9–11)**
> - Paulo explica o papel de Israel no plano de Deus, a rejeição temporária e a esperança de restauração.
>
> **11. Exortações à Vida Cristã (Romanos 12)**
> - Instruções práticas sobre a vida cristã, incluindo o amor ao próximo, serviço e a transformação pelo Espírito.
>
> **12. Viver em Harmonia e Submissão às Autoridades (Romanos 13)**
> - Orientações sobre a submissão às autoridades e o amor como cumprimento da Lei.
>
> **13. Encerramento e Saudações Finais (Romanos 14–16)**
> - Conselhos sobre liberdade cristã, consideração pelo próximo e saudações aos membros da igreja em Roma.

## O Livro de Romanos

O livro de Romanos começa com Paulo se apresentando aos cristãos de Roma e explicando seu chamado para pregar o evangelho. Ele declara que a justiça de Deus é revelada pela fé, e que o justo viverá pela fé. Esse versículo se torna o tema central da epístola, enfatizando a importância da fé em Cristo para a salvação.

Paulo expõe a condição pecaminosa de toda a humanidade, tanto judeus quanto gentios, mostrando que todos estão afastados de Deus. Ele explica que ninguém pode alcançar a justiça por seus próprios esforços ou pela Lei. Essa seção evidencia a universalidade do pecado e a necessidade de um Salvador para a reconciliação com Deus.

A justificação é apresentada como um dom gratuito de Deus, oferecido a todos que têm fé em Jesus Cristo. Paulo argumenta que a justiça de Deus é imputada a quem crê, independente das obras da Lei. Essa justificação é baseada na fé em Cristo, que morreu e ressuscitou para nossa redenção.

Abraão é citado como exemplo de justificação pela fé, pois ele creu em Deus e foi considerado justo antes da Lei ser dada. Paulo usa a história de Abraão para demonstrar que a justificação pela fé é um princípio que antecede a Lei de Moisés. Esse exemplo ressalta a primazia da fé para a salvação.

Paulo descreve os benefícios da justificação, incluindo a paz com Deus e o acesso à graça. Ele afirma que a justificação traz esperança e nos assegura da glória futura, mesmo em meio ao sofrimento. Essa paz com Deus é uma das grandes bênçãos da nova vida em Cristo.

O apóstolo compara Adão e Cristo, mostrando que, enquanto o pecado e a morte vieram ao mundo por Adão, a graça e a vida vieram por Jesus. Essa seção ilustra o contraste entre o antigo e o novo, destacando a superioridade da graça que nos liberta da condenação.

Paulo ensina que os crentes são libertos do pecado e chamados a viver uma vida santa. Ele usa o batismo como símbolo dessa nova vida, explicando que, assim como Cristo morreu e ressuscitou, os crentes também devem considerar-se mortos para o pecado e vivos para Deus.

Apesar da nova vida, Paulo descreve a luta contínua com o pecado e a Lei, reconhecendo a batalha interna que os crentes enfrentam. Ele explica que a Lei revela o pecado, mas não tem poder para libertar do pecado. Esse capítulo enfatiza a necessidade da graça e da libertação em Cristo.

Romanos 8 celebra a vida no Espírito, onde não há mais condenação para aqueles que estão em Cristo Jesus. Paulo fala sobre a segurança da salvação, a intercessão do Espírito e a certeza de que nada pode nos separar do amor de Deus. Este capítulo é um dos mais encorajadores, destacando a segurança da vida em Cristo.

Nos capítulos 9 a 11, Paulo aborda o papel de Israel no plano redentor de Deus, reconhecendo sua rejeição temporária e a esperança de restauração futura. Ele mostra que, embora

Israel tenha rejeitado o Messias, Deus ainda tem um plano para restaurá-los. Esta seção revela a fidelidade de Deus às Suas promessas.

Paulo exorta os crentes a viverem uma vida de amor e serviço, apresentando seus corpos como sacrifício vivo a Deus. Ele ensina que a vida cristã é caracterizada pela humildade, pelo amor e pelo uso dos dons espirituais para o bem comum. Esse capítulo é uma diretriz prática para o viver cristão.

Em Romanos 13, Paulo instrui os cristãos a se submeterem às autoridades e a amarem uns aos outros como o cumprimento da Lei. Ele destaca que o amor ao próximo é a base do comportamento cristão. A submissão às autoridades é apresentada como uma forma de respeito à ordem estabelecida por Deus.

Nos capítulos finais, Paulo trata da liberdade cristã e da consideração pelo próximo, pedindo paciência e compreensão. Ele conclui a carta com saudações pessoais, expressando seu amor e apreço pelos membros da igreja de Roma. Esta conclusão destaca a unidade e o respeito como pilares da comunidade cristã.

# I Coríntios

## Esboço de I Coríntios

1. Introdução e Ação de Graças (1 Coríntios 1:1–9)
   - Saudação de Paulo e ação de graças a Deus pela igreja de Corinto.

2. Divisões na Igreja e Apelo à Unidade (1 Coríntios 1:10–4:21)
   - Paulo adverte contra as divisões e chama à unidade em Cristo, criticando o orgulho humano e exaltando a sabedoria divina.

3. Imoralidade e Disciplina na Igreja (1 Coríntios 5)
   - Confronto com um caso de imoralidade na igreja e instruções sobre a disciplina dos membros.

4. Processos Jurídicos entre Crentes (1 Coríntios 6:1–11)
   - Paulo critica o uso de tribunais seculares para resolver disputas entre irmãos.

5. Pureza e Santidade Sexual (1 Coríntios 6:12–20)
   - Instrução sobre a pureza sexual e o corpo como templo do Espírito Santo.

6. Orientações sobre Casamento e Celibato (1 Coríntios 7)
   - Paulo oferece conselhos sobre casamento, celibato e separação, com ênfase na fidelidade e no compromisso.

7. Liberdade Cristã e Comida Sacrificada a Ídolos (1 Coríntios 8–10)
   - Discussão sobre a liberdade cristã e o uso responsável dessa liberdade em relação aos outros.

8. Prática da Adoração e o Papel das Mulheres (1 Coríntios 11:1–16)
   - Orientações sobre a adoração e o papel das mulheres, incluindo o uso do véu.

9. A Ceia do Senhor e o Respeito à Comunhão (1 Coríntios 11:17–34)
   - Paulo aborda abusos na Ceia do Senhor e exorta os crentes a celebrarem-na com reverência.

# A Bíblia - Manual de Estudo

> 10. Dons Espirituais e Unidade do Corpo (1 Coríntios 12)
> - Ensinos sobre a variedade de dons espirituais e a importância da unidade e diversidade no Corpo de Cristo.
>
> 11. O Amor como o Caminho Mais Excelente (1 Coríntios 13)
> - Exaltação do amor como o maior dos dons espirituais e a base da vida cristã.
>
> 12. Profecia e Línguas na Adoração (1 Coríntios 14)
> - Instruções sobre o uso ordenado dos dons de profecia e línguas na adoração pública.
>
> 13. A Ressurreição dos Mortos e a Esperança Cristã (1 Coríntios 15)
> - Defesa da ressurreição de Cristo e de Seus seguidores como a base da esperança cristã.
>
> 14. Exortações Finais e Saudações (1 Coríntios 16)
> - Coleta para os santos em Jerusalém, despedidas e saudações finais.

## O Livro de I Coríntios

A carta de I Coríntios começa com Paulo saudando a igreja de Corinto e agradecendo a Deus pelos dons espirituais que lhes foram concedidos. Ele expressa sua confiança de que Deus os manterá firmes até o fim. Este início destaca o amor de Paulo pela igreja e o fundamento da graça de Deus em sua vida.

Paulo aborda divisões na igreja e apela à unidade, criticando a tendência dos crentes de se identificarem com líderes específicos. Ele enfatiza que Cristo é o centro da fé e que a sabedoria humana é insuficiente. Paulo chama a igreja a buscar a verdadeira sabedoria e a humildade em Cristo.

Em seguida, Paulo confronta a igreja sobre um caso de imoralidade, instruindo os coríntios a lidar com o pecado de forma justa. Ele exorta à disciplina da igreja para preservar sua pureza e testemunho, demonstrando que o amor a Deus exige integridade.

I Coríntios

Paulo critica o fato de os crentes levarem disputas a tribunais seculares. Ele incentiva a resolução de conflitos dentro da igreja e pede que os crentes resolvam suas diferenças de forma pacífica. A importância da unidade é reforçada, mostrando que a igreja deve funcionar como uma família em amor e respeito.

Paulo discute a santidade sexual e o corpo como templo do Espírito Santo, instruindo os coríntios a viverem em pureza. Ele enfatiza que os corpos dos crentes pertencem a Deus e devem ser honrados. Esse ensino sobre o corpo ressalta a responsabilidade dos cristãos em viver uma vida santa.

No capítulo 7, Paulo oferece conselhos sobre casamento e celibato, reconhecendo que cada situação exige discernimento. Ele valoriza o casamento e o celibato como válidos, dependendo do chamado pessoal de cada um. Paulo também incentiva a fidelidade e o compromisso nos relacionamentos.

Paulo trata da liberdade cristã em relação a alimentos sacrificados a ídolos, explicando que, embora tenham liberdade, os crentes devem considerar os mais fracos na fé. Ele instrui que o amor deve sempre guiar as ações dos crentes, evitando causar tropeço aos irmãos. Esse tema reflete a prioridade do amor sobre a liberdade pessoal.

Ele também dá orientações sobre a prática da adoração, abordando o papel das mulheres e o uso do véu. Paulo enfatiza a reverência e a ordem na adoração, respeitando as tradições culturais e promovendo uma prática que honre a Deus. Este ensino reflete a sensibilidade de Paulo às questões culturais e espirituais.

Paulo corrige abusos na Ceia do Senhor, exortando os coríntios a tomarem na com reverência e discernimento. Ele lembra os crentes do significado da Ceia como uma celebração da morte de Cristo. A comunhão deve refletir a unidade e o respeito entre os membros da igreja.

No capítulo 12, Paulo fala sobre os dons espirituais e a unidade do corpo de Cristo. Ele explica que há uma variedade de dons, mas todos provêm do Espírito e devem ser usados para edificação da igreja. A unidade é enfatizada, com cada membro desempenhando um papel essencial no Corpo de Cristo.

No capítulo 13, Paulo exalta o amor como o caminho mais excelente, afirmando que, sem amor, os dons espirituais perdem seu valor. Ele descreve o amor como paciente, bondoso e essencial para a vida cristã. Este capítulo é um dos mais conhecidos e enfatiza o amor como o coração da fé.

Paulo aborda o uso dos dons de profecia e línguas, enfatizando a necessidade de ordem no culto. Ele instrui que os dons devem ser usados para edificação e compreensão, promovendo um ambiente de adoração respeitoso. Este ensino visa a construir uma adoração significativa e compreensível.

Finalmente, Paulo defende a ressurreição dos mortos, explicando que a ressurreição de Cristo é a garantia da ressurreição dos crentes. Ele expõe a ressurreição como a base da esperança cristã e incentiva os crentes a permanecerem firmes. A carta termina com exortações práticas e saudações, fortalecendo a unidade e a fé na comunidade cristã.

# II Coríntios

## Esboço de II Coríntios

1. Introdução e Ação de Graças por Consolação (2 Coríntios 1:1–11)
   - Saudação e agradecimento a Deus pelo consolo em meio ao sofrimento.

2. Ajuste de Planos e Defesa do Ministério de Paulo (2 Coríntios 1:12–2:13)
   - Paulo explica a mudança em seus planos de visita e defende sua sinceridade e propósito apostólico.

3. Nova Aliança e a Glória de Deus (2 Coríntios 2:14–4:6)
   - Paulo fala sobre o ministério da nova aliança, comparando a glória da antiga aliança com a da nova.

4. Tesouros em Vasos de Barro e o Poder de Deus (2 Coríntios 4:7–5:10)
   - Paulo compara os apóstolos a vasos frágeis, enfatizando que o poder é de Deus, não deles.

5. Ministério da Reconciliação (2 Coríntios 5:11–6:2)
   - Apelo de Paulo para que os coríntios aceitem a reconciliação com Deus através de Cristo.

6. O Testemunho e a Perseverança dos Apóstolos (2 Coríntios 6:3–7:1)
   - Paulo descreve os sofrimentos e a integridade dos apóstolos, encorajando a pureza e a separação do mal.

7. A Alegria de Paulo com o Arrependimento dos Coríntios (2 Coríntios 7:2–16)
   - Paulo expressa alegria pelo arrependimento dos coríntios e sua resposta positiva à sua carta anterior.

8. Coleta para os Santos em Jerusalém (2 Coríntios 8–9)

- Paulo encoraja generosidade na coleta para os cristãos necessitados em Jerusalém, destacando o valor do dar.

9. Defesa contra os Falsos Apóstolos (2 Coríntios 10)
   - Paulo responde aos ataques dos falsos apóstolos e reforça a autoridade dada a ele por Cristo.

10. Paulo e Suas Credenciais Apostólicas (2 Coríntios 11:1–15)
    - Paulo expõe suas qualificações e sinceridade, em contraste com os falsos apóstolos.

11. As Fraquezas de Paulo e a Suficiência da Graça de Deus (2 Coríntios 11:16–12:10)
    - Paulo fala de suas fraquezas, mencionando seu "espinho na carne" e a suficiência da graça de Deus.

12. Advertências e Exortações Finais (2 Coríntios 12:11–13:10)
    - Paulo dá advertências e exortações à igreja, pedindo autocrítica e compromisso com a verdade.

13. Encerramento e Bênção Final (2 Coríntios 13:11–14)
    - Saudações finais e uma bênção de paz e comunhão para a igreja.

## O Livro de II Coríntios

Paulo começa II Coríntios com uma saudação e agradecimento a Deus pelo consolo e a paz em meio às dificuldades. Ele relembra aos coríntios que, assim como Deus o consola, ele é chamado a consolar outros. Paulo destaca que o sofrimento no ministério traz dependência em Deus, fonte de todo consolo.

Paulo aborda a mudança em seus planos de visita, explicando que ele preferiu esperar para evitar um confronto difícil. Ele defende a sinceridade de seu ministério e reforça que age em favor do bem-estar espiritual dos coríntios. Esta defesa reforça o compromisso de Paulo com a verdade e integridade.

## II Coríntios

Em seguida, Paulo fala sobre a glória da nova aliança em Cristo, que supera a antiga aliança da Lei. Ele enfatiza que, na nova aliança, os crentes têm liberdade e transformação pelo Espírito Santo. Esta mensagem encoraja os coríntios a permanecerem firmes na fé e a buscarem a glória de Deus.

Paulo compara os apóstolos a vasos de barro que carregam um tesouro, destacando que o poder e a glória são de Deus, não deles. Ele reconhece as limitações humanas e celebra que Deus manifesta Seu poder em meio às fraquezas. Isso mostra que a fragilidade humana não impede a obra de Deus.

No ministério da reconciliação, Paulo apela aos coríntios para se reconciliarem com Deus, enfatizando que Cristo morreu para restaurar o relacionamento com o Pai. Paulo lembra que os crentes agora têm a responsabilidade de compartilhar essa mensagem de reconciliação com o mundo.

Paulo relata os sofrimentos e sacrifícios dos apóstolos, destacando a perseverança e fidelidade em meio a desafios. Ele encoraja a igreja a permanecer pura e a evitar o envolvimento com práticas imorais. Esse chamado à santidade reflete o desejo de Paulo de que a igreja viva de forma que honre a Deus.

A resposta positiva dos coríntios à sua carta anterior alegra Paulo. Ele expressa gratidão pelo arrependimento deles e pela restauração das relações. Esse momento reforça a importância da disciplina amorosa e da reconciliação, mostrando o coração pastoral de Paulo para com os coríntios.

Paulo dedica dois capítulos para encorajar a generosidade dos coríntios em uma coleta para os cristãos pobres em Jerusalém. Ele ensina que dar é uma expressão de gratidão a Deus e uma oportunidade de demonstrar amor prático. Esse ato de generosidade fortalece a unidade entre os crentes.

Ele responde às acusações de falsos apóstolos que questionam sua autoridade. Paulo destaca que seu ministério foi validado por Cristo e não depende de padrões humanos. Ele contrasta sua sinceridade e compromisso com os falsos líderes, lembrando os coríntios de sua verdadeira autoridade apostólica.

Paulo apresenta suas credenciais, lembrando os coríntios de seu sacrifício e dedicação ao evangelho. Ele expõe as motivações egoístas dos falsos apóstolos e demonstra que seu próprio ministério é movido pelo amor a Cristo e ao evangelho. Esse contraste enfatiza a autenticidade de Paulo.

Ele fala sobre suas fraquezas, mencionando um "espinho na carne" e como Deus lhe disse que "Minha graça é suficiente para você". Paulo aceita suas fraquezas, sabendo que elas revelam a força de Deus. Essa confiança na graça divina mostra que Deus trabalha poderosamente mesmo nas limitações humanas.

Na conclusão, Paulo exorta os coríntios a examinarem a si mesmos e a permanecerem firmes na fé. Ele adverte sobre o comportamento moral e espiritual, esperando que eles demonstrem frutos de verdadeira transformação. Essa exortação final é um chamado ao compromisso e à integridade cristã.

A carta termina com uma bênção de paz e unidade, onde Paulo deseja comunhão, amor e a presença de Deus para os coríntios. Ele encoraja a igreja a viver em harmonia e a permanecer unida em Cristo. Esse encerramento expressa o desejo de Paulo pela maturidade e paz na comunidade cristã.

# GÁLATAS

## ESBOÇO DE GÁLATAS

1. Introdução e Saudação (Gálatas 1:1–5)
   - Saudação inicial de Paulo, destacando sua autoridade como apóstolo enviado por Jesus Cristo.

2. Defesa do Evangelho e Advertência contra Falsos Ensinos (Gálatas 1:6–10)
   - Paulo expressa sua preocupação com a influência de falsos mestres e defende o evangelho da graça.

3. O Testemunho Pessoal de Paulo (Gálatas 1:11–24)
   - Paulo relata sua conversão e o chamado direto de Cristo, evidenciando a origem divina do evangelho.

4. A Concordância com os Apóstolos em Jerusalém (Gálatas 2:1–10)
   - Paulo descreve sua visita a Jerusalém e o acordo com os apóstolos sobre a pregação aos gentios.

5. Confronto com Pedro em Antioquia (Gálatas 2:11–14)
   - Paulo conta como confrontou Pedro por hipocrisia, destacando a importância da coerência no evangelho.

6. Justificação pela Fé e Não pelas Obras da Lei (Gálatas 2:15–21)
   - Paulo explica que a justificação vem pela fé em Cristo e não pela obediência à Lei.

7. A Experiência dos Gálatas e o Espírito Santo (Gálatas 3:1–5)
   - Paulo relembra a experiência dos gálatas com o Espírito Santo, enfatizando a fé sobre as obras da Lei.

8. A Promessa a Abraão e a Função da Lei (Gálatas 3:6–29)
   - Paulo ensina que a promessa feita a Abraão é cumprida em Cristo e explica o papel temporário da Lei.

# A Bíblia - Manual de Estudo

> 9. A Liberdade Cristã e a Filiação Divina (Gálatas 4:1–20)
> - Paulo fala sobre a liberdade em Cristo e a adoção dos crentes como filhos de Deus.
>
> 10. A Alegoria de Sara e Agar (Gálatas 4:21–31)
> - Paulo usa Sara e Agar como alegoria para contrastar a liberdade em Cristo com a escravidão da Lei.
>
> 11. Exortação à Liberdade e à Vida no Espírito (Gálatas 5)
> - Paulo adverte contra o legalismo e os desejos da carne, encorajando os gálatas a viverem pelo Espírito.
>
> 12. Instruções Práticas e Saudações Finais (Gálatas 6)
> - Instruções sobre apoio mútuo, responsabilidade e uma saudação final que reafirma a centralidade da cruz.

## O Livro de Gálatas

Paulo começa a carta aos Gálatas com uma saudação que reafirma sua autoridade apostólica, enfatizando que ele é enviado por Jesus Cristo. Essa introdução estabelece a seriedade de sua mensagem, pois ele logo expressará preocupação com a influência de falsos mestres entre os gálatas.

Ele critica a igreja por se desviar do verdadeiro evangelho, alertando sobre aqueles que pregam uma "outra" mensagem. Paulo defende o evangelho da graça e enfatiza que qualquer ensino que contradiga o que ele pregou deve ser rejeitado. Essa advertência reflete o compromisso de Paulo com a pureza do evangelho.

Paulo relata sua conversão e chamado, destacando que seu evangelho não veio de homens, mas de uma revelação direta de Jesus. Ele conta como sua vida foi transformada e como ele recebeu uma missão específica. Este testemunho pessoal mostra que o evangelho que ele prega é autêntico e divino.

Ele descreve uma visita a Jerusalém, onde encontrou-se com os apóstolos e obteve a concordância deles para pregar aos gentios. Os líderes em Jerusalém reconheceram seu chamado e concordaram que a salvação não depende das obras da Lei. Essa reunião confirma a unidade do evangelho pregado a judeus e gentios.

Paulo narra um confronto com Pedro em Antioquia, onde o repreendeu por comportamento hipócrita. Ele explica que a fé em Cristo torna todos iguais perante Deus, e que práticas legais não devem dividir os crentes. Este incidente ilustra a seriedade da integridade e coerência no testemunho cristão.

A justificação pela fé é um tema central da carta. Paulo explica que os crentes são justificados pela fé em Cristo, não pela Lei. Ele deixa claro que as obras da Lei não podem salvar, e que a justiça é um dom de Deus recebido pela fé. Esse ensino destaca a suficiência do sacrifício de Cristo para a salvação.

Paulo lembra os gálatas da experiência que tiveram com o Espírito Santo ao crerem em Cristo. Ele questiona por que eles agora buscam a perfeição pelas obras da Lei, enfatizando que a vida cristã é fundamentada na fé. O Espírito é evidência da nova vida, não algo que vem pelas obras.

Em sua explicação sobre Abraão, Paulo afirma que a promessa de Deus a ele é cumprida em Cristo. Ele ensina que a Lei teve um papel temporário até que Cristo viesse. Essa explicação ressalta que os crentes são herdeiros da promessa pela fé, não pela obediência à Lei.

Paulo fala sobre a liberdade em Cristo e a adoção como filhos de Deus, incentivando os gálatas a viverem como filhos e não como escravos. Ele ensina que em Cristo não há mais escravidão da Lei, mas liberdade. Este conceito de filiação mostra a nova identidade dos crentes em Deus.

A alegoria de Sara e Agar representa a liberdade em Cristo versus a escravidão da Lei. Paulo compara a aliança da Lei com a de Cristo, mostrando que aqueles que estão em

Cristo são filhos da promessa, como Isaque. Esta alegoria reforça o chamado para rejeitar o legalismo.

Paulo encoraja os gálatas a viverem na liberdade e no poder do Espírito, alertando contra a tentação da carne. Ele ensina que o fruto do Espírito é evidência de uma vida transformada e que a liberdade em Cristo não é uma desculpa para o pecado. Esse ensinamento orienta os crentes a viverem em amor e autocontrole.

A carta conclui com instruções práticas sobre apoio mútuo e responsabilidade, pedindo que os crentes carreguem os fardos uns dos outros. Paulo reafirma a centralidade da cruz e declara que somente a cruz de Cristo é a verdadeira fonte de glória. Ele encerra com uma saudação que enfatiza a graça de Deus.

# Efésios

## Esboço de Efésios

1. Saudação e Bênçãos Espirituais em Cristo (Efésios 1:1–14)
   - Paulo saúda os efésios e descreve as bênçãos espirituais que os crentes recebem em Cristo.

2. Oração de Paulo por Sabedoria e Revelação (Efésios 1:15–23)
   - Paulo ora para que os efésios tenham sabedoria e conheçam a esperança e o poder de Deus.

3. A Salvação pela Graça Mediante a Fé (Efésios 2:1–10)
   - Paulo explica que a salvação é um dom de Deus, recebido pela graça e fé, não por obras.

4. Unidade entre Judeus e Gentios em Cristo (Efésios 2:11–22)
   - Cristo uniu judeus e gentios em um só povo, reconciliando-os com Deus e formando um só corpo.

5. O Ministério de Paulo aos Gentios e a Sabedoria de Deus (Efésios 3:1–13)
   - Paulo fala sobre seu chamado para pregar aos gentios e a revelação do mistério de Deus.

6. Oração por Fortalecimento Espiritual (Efésios 3:14–21)
   - Paulo ora para que os efésios sejam fortalecidos pelo Espírito e compreendam o amor de Cristo.

7. Exortação à Unidade e Maturidade Cristã (Efésios 4:1–16)
   - Paulo pede que os crentes vivam em unidade e busquem a maturidade espiritual no Corpo de Cristo.

8. Instruções sobre a Nova Vida em Cristo (Efésios 4:17–32)
   - Paulo ensina sobre abandonar a velha natureza e viver em santidade, com compaixão e perdão.

9. Vida como Imitadores de Deus e Filhos da Luz (Efésios 5:1–20)

> - Paulo exorta os crentes a viverem como filhos da luz, rejeitando a imoralidade e buscando o Espírito.
>
> 10. Instruções para a Vida Familiar (Efésios 5:21–6:4)
>     - Ensinamentos sobre o relacionamento entre maridos e esposas, pais e filhos, em amor e respeito mútuo.
>
> 11. Instruções para Servos e Senhores (Efésios 6:5–9)
>     - Paulo orienta servos e senhores a agirem com respeito e bondade, como servos de Cristo.
>
> 12. A Armadura de Deus (Efésios 6:10–17)
>     - Paulo descreve a armadura espiritual necessária para resistir às forças do mal e permanecer firme.
>
> 13. Exortação à Oração e Vigília (Efésios 6:18–20)
>     - Paulo encoraja os crentes a orarem constantemente por todos os santos e pelo avanço do evangelho.
>
> 14. Saudações Finais e Bênção (Efésios 6:21–24)
>     - Paulo encerra a carta com saudações e uma bênção de paz, amor e graça.

## O Livro de Efésios

Paulo inicia a carta aos Efésios com uma saudação e uma expressão de louvor pelas bênçãos espirituais em Cristo. Ele celebra a escolha de Deus e a redenção através de Jesus, explicando que os crentes foram selados com o Espírito Santo como garantia da herança futura. Este início mostra a riqueza da vida em Cristo.

Paulo ora para que os efésios tenham sabedoria espiritual, conheçam a esperança da salvação e entendam o grande poder de Deus. Ele destaca que Cristo é a cabeça da Igreja e que Seu poder está disponível para os crentes. Esta oração reflete o desejo de Paulo de que os efésios vivam em comunhão íntima com Deus.

Paulo enfatiza que a salvação é um dom de Deus, dado pela graça e recebido pela fé, e não pelo mérito humano. Ele descreve como os crentes, antes mortos em seus pecados, foram vivificados com Cristo. Esta seção ressalta que a salvação é obra de Deus e leva a uma nova vida.

Paulo explica que Cristo uniu judeus e gentios em um só corpo, reconciliando-os com Deus. Ele usa a imagem de um templo espiritual, onde Jesus é a pedra angular e os crentes são pedras vivas. Essa unidade em Cristo é um tema central, mostrando que não há mais barreiras entre os que estão em Cristo.

Paulo fala sobre seu ministério aos gentios e o mistério da inclusão deles no plano de Deus. Ele destaca que esse mistério foi revelado a ele por Deus e mostra a sabedoria divina. Essa explicação reforça a missão universal do evangelho e a igualdade de todos perante Deus.

Em uma oração, Paulo pede que os efésios sejam fortalecidos pelo Espírito e experimentem o amor de Cristo. Ele deseja que os crentes compreendam a profundidade do amor de Deus e estejam cheios de Sua presença. Essa oração encoraja os efésios a viverem em plenitude espiritual.

Paulo exorta os efésios à unidade e à maturidade, descrevendo a igreja como o Corpo de Cristo. Ele incentiva o uso dos dons espirituais para edificação mútua e crescimento na fé. A busca pela unidade e maturidade espiritual é essencial para a saúde da igreja.

Paulo ensina sobre a nova vida em Cristo, encorajando os crentes a deixarem o antigo modo de viver. Ele instrui sobre compaixão, honestidade e perdão, destacando que a vida cristã é marcada por transformação. Esses ensinamentos ajudam os efésios a viverem de forma que reflete Cristo.

Paulo exorta os crentes a serem imitadores de Deus e a viverem como filhos da luz, rejeitando as obras das trevas. Ele destaca a importância de uma vida de pureza e submissão ao Espírito. Esta seção orienta os efésios a buscarem uma vida santa e cheia do Espírito Santo.

Paulo dá instruções para a vida familiar, incluindo o relacionamento entre maridos e esposas e entre pais e filhos. Ele ensina que o amor e a submissão devem marcar esses relacionamentos. Essas orientações refletem uma vida centrada em Cristo e o respeito mútuo no lar.

Paulo orienta servos e senhores a tratarem uns aos outros com respeito e bondade, como servos de Cristo. Ele enfatiza que, independentemente do status social, todos devem viver de maneira que honre a Deus. Este ensino demonstra o valor da igualdade e do respeito em todas as relações.

Paulo descreve a armadura de Deus, detalhando as armas espirituais necessárias para resistir às forças do mal. Ele encoraja os crentes a permanecerem firmes, protegidos pela verdade, justiça, fé e palavra de Deus. A armadura é essencial para a vida cristã e a resistência espiritual.

Paulo exorta os efésios a orarem continuamente por todos os santos e pelo avanço do evangelho. Ele enfatiza a importância da oração constante e da vigilância espiritual. Essa exortação final mostra o papel fundamental da oração na vida e na missão dos crentes.

A carta termina com saudações e uma bênção de paz e graça para os efésios. Paulo expressa seu desejo de que o amor e a fé estejam sempre presentes entre eles. Este encerramento reflete o carinho de Paulo pela igreja e seu desejo de que vivam na plenitude da graça de Deus.

# FILIPENSES

## ESBOÇO DE FILIPENSES

1. Saudação e Ação de Graças (Filipenses 1:1–11)
   - Paulo saúda a igreja de Filipos e agradece a Deus pela parceria deles no evangelho, orando por seu crescimento espiritual.

2. As Circunstâncias de Paulo e o Avanço do Evangelho (Filipenses 1:12–18)
   - Paulo compartilha como sua prisão contribuiu para o avanço do evangelho, encorajando outros a pregarem com ousadia.

3. Viver é Cristo e Morrer é Lucro (Filipenses 1:19–26)
   - Paulo expressa sua confiança em Cristo, afirmando que tanto viver quanto morrer são ganhos espirituais.

4. Exortação à Unidade e Perseverança (Filipenses 1:27–30)
   - Paulo exorta os filipenses a viverem dignamente, unidos e corajosos diante das adversidades.

5. O Exemplo de Humildade de Cristo (Filipenses 2:1–11)
   - Paulo incentiva a humildade, usando o exemplo de Cristo, que se humilhou e foi exaltado por Deus.

6. Chamado à Obediência e Vida como Luzes no Mundo (Filipenses 2:12–18)
   - Paulo exorta os crentes a viverem em obediência e a serem "luzes no mundo", irradiando o caráter de Cristo.

7. Exemplos de Timóteo e Epafrodito (Filipenses 2:19–30)
   - Paulo elogia Timóteo e Epafrodito como servos fiéis e exemplos de dedicação ao evangelho.

8. Advertência contra Falsos Mestres e o Verdadeiro Valor em Cristo (Filipenses 3:1–11)
   - Paulo adverte contra falsos mestres e considera tudo como perda comparado ao conhecimento de Cristo.

> 9. Esforço para Alcançar o Alvo em Cristo (Filipenses 3:12–16)
> - Paulo compara a vida cristã a uma corrida e incentiva os crentes a prosseguir para alcançar o prêmio em Cristo.
>
> 10. Cidadania Celestial e a Paz de Deus (Filipenses 3:17–4:9)
> - Paulo fala sobre a cidadania celestial dos crentes e os encoraja a viverem em paz e alegria em Deus.
>
> 11. Agradecimento pela Ajuda dos Filipenses e Despedidas (Filipenses 4:10–23)
> - Paulo agradece o apoio financeiro dos filipenses e encerra com saudações e bênçãos.

## LIVRO DE FILIPENSES

A carta aos Filipenses começa com Paulo saudando a igreja de Filipos e expressando gratidão pela parceria deles no evangelho. Ele ora para que o amor e o discernimento dos filipenses cresçam, destacando seu apreço pela dedicação espiritual deles. Este início demonstra o afeto de Paulo pela igreja e sua preocupação com o crescimento espiritual.

Paulo compartilha como sua prisão contribuiu para o avanço do evangelho, pois sua coragem inspirou outros a pregarem com ousadia. Ele vê suas circunstâncias como uma oportunidade de testemunhar, enfatizando que o evangelho não é limitado pelas adversidades. Essa visão positiva fortalece a confiança dos crentes em Cristo.

Em uma reflexão pessoal, Paulo expressa que "viver é Cristo e morrer é lucro", mostrando sua confiança em Deus. Ele sabe que, se continuar vivo, poderá servir à igreja, mas também está preparado para a morte, que o unirá a Cristo. Essa confiança inspira os filipenses a viverem sem medo e com propósito.

Paulo exorta os filipenses a viverem de maneira digna, mantendo a unidade e sendo corajosos diante das provações. Ele os encoraja a enfrentar as dificuldades com fé e perseverança, lembrando-os de que a luta pela fé é parte do chamado cristão. Essa exortação promove a solidariedade e a força na fé.

Paulo usa o exemplo de humildade de Cristo, que, sendo Deus, assumiu a forma humana e morreu na cruz. Ele ensina que a humildade e o serviço são essenciais para os seguidores de Cristo, que devem imitar Seu exemplo. Essa passagem é central para a compreensão da humildade como virtude cristã.

Paulo encoraja os filipenses a viverem em obediência e a serem "luzes no mundo". Ele enfatiza que a vida cristã deve refletir o caráter de Cristo, trazendo esperança aos outros. Essa exortação destaca a responsabilidade dos crentes de viverem de forma íntegra e inspiradora.

Paulo elogia Timóteo e Epafrodito, apresentando-os como exemplos de servos dedicados ao evangelho. Ele valoriza a disposição deles de servir e sacrificar-se pela obra de Cristo. Esses exemplos práticos incentivam os filipenses a seguir modelos de fé e amor ao próximo.

Paulo adverte contra falsos mestres que promovem a confiança em obras da Lei e não em Cristo. Ele afirma que considera tudo como perda em comparação com o valor de conhecer Cristo. Esta advertência ensina os crentes a confiar unicamente em Cristo e valorizar a nova vida em Deus.

Paulo compara a vida cristã a uma corrida, incentivando os crentes a perseverarem em direção ao prêmio em Cristo. Ele ensina que os crentes devem manter o foco em Cristo e no crescimento espiritual contínuo. Esse esforço para "alcançar o alvo" mostra a importância do compromisso.

Paulo lembra aos filipenses que sua verdadeira cidadania é celestial e os exorta a viverem em paz e alegria. Ele enfatiza que a paz de Deus guarda os corações e mentes em Cristo. Esta visão de cidadania celestial eleva a perspectiva dos crentes para além das preocupações terrenas.

A carta termina com Paulo agradecendo aos filipenses pelo apoio financeiro, que foi um grande auxílio para ele em seu ministério. Ele destaca a importância da generosidade e confia que Deus suprirá todas as necessidades deles. Esta gratidão reflete a interdependência e a amizade entre Paulo e a igreja.

Com saudações e bênçãos finais, Paulo encerra a carta desejando paz e graça para a igreja em Filipos. Ele expressa seu amor e a unidade espiritual que os une em Cristo. O encerramento reflete a alegria e a esperança que caracterizam a vida cristã em comunidade.

# COLOSSENSES

## ESBOÇO DE COLOSSENSES

1. Saudação e Ação de Graças (Colossenses 1:1–8)
   - Paulo saúda a igreja e expressa gratidão pela fé, amor e esperança dos colossenses.

2. Oração por Sabedoria e Crescimento Espiritual (Colossenses 1:9–14)
   - Paulo ora para que os colossenses cresçam em sabedoria, força e gratidão.

3. A Supremacia de Cristo (Colossenses 1:15–23)
   - Paulo descreve Cristo como o Criador e sustentador do universo, exaltando Sua preeminência em todas as coisas.

4. O Ministério de Paulo e o Mistério Revelado (Colossenses 1:24–2:5)
   - Paulo fala sobre seu ministério e o mistério de Cristo revelado aos gentios.

5. Advertência contra Filosofias e Ensinos Humanos (Colossenses 2:6–15)
   - Paulo adverte contra ensinos humanos que desviam do evangelho e enfatiza a suficiência de Cristo.

6. Liberdade Cristã e Rejeição de Legalismos (Colossenses 2:16–23)
   - Paulo exorta os colossenses a não se sujeitarem a rituais e restrições que não trazem verdadeira espiritualidade.

7. A Nova Vida em Cristo e as Coisas do Alto (Colossenses 3:1–4)
   - Paulo encoraja os colossenses a focarem nas coisas do alto e viverem como novas criaturas.

8. Abandonando a Velha Natureza (Colossenses 3:5–11)

> - Paulo exorta os crentes a deixarem o pecado e viverem em santidade, refletindo a transformação em Cristo.
>
> 9. Vestindo-se das Virtudes Cristãs (Colossenses 3:12–17)
> - Paulo ensina sobre a compaixão, humildade, amor e perdão como características da vida cristã.
>
> 10. Instruções para a Vida Familiar (Colossenses 3:18–4:1)
> - Ensinamentos sobre o relacionamento entre esposas e maridos, filhos e pais, servos e senhores.
>
> 11. Oração, Vigilância e Sabedoria no Testemunho (Colossenses 4:2–6)
> - Paulo encoraja a oração contínua, vigilância espiritual e o testemunho com sabedoria.
>
> 12. Saudações e Informações sobre os Colaboradores (Colossenses 4:7–17)
> - Paulo envia saudações e menciona colaboradores que servem ao evangelho.
>
> 13. Bênção Final (Colossenses 4:18)
> - Paulo conclui com uma bênção, lembrando sua prisão e pedindo que lembrem dele em oração.

## O Livro de Colossenses

A carta aos Colossenses começa com uma saudação e expressão de gratidão de Paulo pela fé, amor e esperança dos colossenses. Ele celebra a comunidade por seu crescimento em Cristo, destacando sua firmeza no evangelho. Paulo mostra seu apreço pela fidelidade da igreja e seu compromisso com a verdade.

Paulo ora para que os colossenses tenham sabedoria espiritual e força para viverem de forma digna. Ele deseja que cresçam no conhecimento de Deus e que suas vidas sejam marcadas pela paciência, perseverança e gratidão. Esta oração reflete o desejo de Paulo pelo amadurecimento espiritual dos crentes.

# Colossenses

Em uma das passagens mais profundas da carta, Paulo exalta a supremacia de Cristo como Criador e sustentador do universo. Ele explica que Cristo é a imagem do Deus invisível e o cabeça da Igreja. Esta seção destaca a centralidade de Cristo e reforça a base teológica da fé cristã.

Paulo compartilha seu ministério e o mistério de Cristo, que é a esperança da glória para todos, incluindo os gentios. Ele enfatiza que seu sofrimento faz parte de seu chamado para pregar a Cristo. Este testemunho encoraja os colossenses a verem o valor do evangelho que alcança todas as nações.

Paulo adverte contra filosofias e ensinos humanos que ameaçam desviar os colossenses da fé. Ele insiste que a plenitude está em Cristo e que qualquer filosofia ou tradição que não esteja centrada em Cristo é vazia. Essa advertência mostra o perigo dos ensinos que diluem o evangelho.

Ele exortados colossenses a não se sujeitarem a legalismos, como rituais e regras humanas. Paulo afirma que esses elementos não trazem verdadeira espiritualidade, pois a liberdade cristã está em Cristo. Este ensino enfatiza que a vida cristã é baseada na graça e não em restrições exteriores.

Paulo encoraja os colossenses a focarem nas coisas do alto, vivendo como novas criaturas em Cristo. Ele explica que a nova vida deve ser caracterizada por uma mente voltada para o céu e uma vida que reflete o caráter de Cristo. Esse chamado aponta para o compromisso com a santidade.

Ele instrui os crentes a abandonarem a velha natureza e a deixarem o pecado. Paulo lista práticas e atitudes que devem ser abandonadas, reforçando a transformação que ocorre em Cristo. A santidade é apresentada como parte essencial do testemunho cristão.

Em seguida, Paulo exorta os colossenses a "vestirem-se" de virtudes cristãs como compaixão, bondade, humildade, perdão e amor. Ele enfatiza que o amor une todas essas virtudes, fortalecendo a unidade. Esta seção destaca a importância de viver uma vida que reflita a graça de Deus.

Paulo oferece instruções para a vida familiar, incluindo o relacionamento entre esposas e maridos, filhos e pais, e servos e senhores. Ele ensina que esses relacionamentos devem ser caracterizados por amor, respeito e serviço, refletindo a ordem e harmonia do Reino de Deus.

Ele encoraja a oração contínua, a vigilância e o testemunho com sabedoria. Paulo deseja que os colossenses estejam preparados para compartilhar o evangelho e viver de forma sábia e amável com os de fora. A oração e a vigilância são vistas como pilares da vida cristã.

Paulo envia saudações finais e menciona seus colaboradores no evangelho, destacando a importância da comunhão entre os crentes. Ele valoriza o apoio e a contribuição dos seus companheiros de ministério. Esta seção reflete o caráter coletivo da missão cristã.

A carta termina com uma bênção e uma lembrança da prisão de Paulo. Ele pede que os colossenses orem por ele, mostrando sua humildade e necessidade da comunidade. Esta bênção final reafirma o amor e a conexão espiritual entre Paulo e a igreja em Colossos.

# I Tessalonicenses

## Esboço de I Tessalonicenses

1. Saudação e Ação de Graças (1 Tessalonicenses 1:1–10)
   - Paulo saúda a igreja e expressa gratidão pela fé, amor e perseverança dos tessalonicenses.

2. Ministério de Paulo entre os Tessalonicenses (1 Tessalonicenses 2:1–12)
   - Paulo relembra seu ministério na cidade, enfatizando a sinceridade e o amor com que pregou o evangelho.

3. A Aceitação da Palavra e o Sofrimento dos Crentes (1 Tessalonicenses 2:13–16)
   - Paulo elogia a igreja por aceitar a Palavra de Deus e perseverar em meio à perseguição.

4. Desejo de Paulo de Visitar a Igreja (1 Tessalonicenses 2:17–20)
   - Paulo expressa seu desejo de ver os tessalonicenses novamente, apesar dos obstáculos.

5. O Envio de Timóteo para Fortalecer os Crentes (1 Tessalonicenses 3:1–5)
   - Paulo envia Timóteo para fortalecer e encorajar a fé dos tessalonicenses.

6. Relatório de Timóteo sobre a Fé dos Tessalonicenses (1 Tessalonicenses 3:6–10)
   - Timóteo traz notícias encorajadoras sobre a fé e amor dos tessalonicenses, alegrando Paulo.

7. Oração por Crescimento Espiritual (1 Tessalonicenses 3:11–13)
   - Paulo ora para que os tessalonicenses cresçam em amor e sejam irrepreensíveis na santidade.

8. Exortação à Pureza e Santidade (1 Tessalonicenses 4:1–8)

- Paulo instrui sobre a importância da santidade e exorta os crentes a evitarem a imoralidade sexual.

9. Amor Fraternal e Vida Tranquila (1 Tessalonicenses 4:9–12)
- Paulo incentiva o amor entre os irmãos e uma vida tranquila e trabalhadora.

10. Esperança na Ressurreição e Retorno de Cristo (1 Tessalonicenses 4:13–18)
- Paulo ensina sobre a ressurreição e a segunda vinda de Cristo, confortando os crentes sobre os que morreram.

11. Instruções sobre a Vigilância e o Dia do Senhor (1 Tessalonicenses 5:1–11)
- Paulo exorta os tessalonicenses a estarem alertas e preparados para o Dia do Senhor.

12. Instruções para a Vida Comunitária (1 Tessalonicenses 5:12–22)
- Paulo dá orientações sobre a vida em comunidade, incluindo respeito, encorajamento mútuo e alegria.

13. Bênção Final e Saudação (1 Tessalonicenses 5:23–28)
- Paulo ora pela santificação dos tessalonicenses e termina com uma bênção e saudações.

## O Livro de I Tessalonicenses

A carta começa com Paulo saudando os tessalonicenses e expressando gratidão pela fé, amor e perseverança da igreja. Ele destaca o exemplo deles, que inspira outros crentes, e celebra sua firmeza no evangelho. Essa introdução revela o carinho de Paulo por eles e a alegria com seu crescimento espiritual.

Paulo relembra o tempo que passou com os tessalonicenses, afirmando que pregou com sinceridade, amor e dedicação. Ele enfatiza que seu ministério não visava ganho pessoal, mas o bem-estar espiritual deles. Esse relato reforça o compromisso de Paulo com a autenticidade e integridade no evangelho.

# I Tessalonicenses

A igreja tessalonicense aceitou a Palavra de Deus em meio a perseguições e sofrimentos. Paulo elogia essa perseverança, comparando-a com a experiência das igrejas da Judeia. Ele reconhece a força dos tessalonicenses para suportarem dificuldades e permanecerem fiéis, algo que honra o nome de Cristo.

Paulo expressa seu desejo de visitar os tessalonicenses novamente, apesar dos obstáculos. Ele lamenta a impossibilidade de estar com eles, mas afirma que eles são sua "coroa de alegria". Este anseio demonstra o profundo vínculo entre Paulo e a igreja, reforçando o desejo de comunhão.

Como não pôde visitá-los, Paulo enviou Timóteo para fortalecer a fé dos tessalonicenses e encorajá-los em meio às dificuldades. Esse gesto mostra a preocupação de Paulo em garantir que a igreja continue firme na fé. A presença de Timóteo reflete o cuidado pastoral de Paulo.

Timóteo retorna com boas notícias sobre a fé e o amor dos tessalonicenses, trazendo grande alegria a Paulo. Ele fica grato por saber que eles permanecem firmes e que ainda têm carinho por ele. Esse relatório fortalece o vínculo entre Paulo e a igreja, renovando sua esperança e gratidão.

Paulo ora para que os tessalonicenses cresçam em amor e sejam fortalecidos na santidade até a volta de Cristo. Ele pede que Deus os torne irrepreensíveis, mostrando seu desejo de que vivam vidas puras. Essa oração revela a importância da santificação no crescimento espiritual.

Paulo exorta os tessalonicenses a viverem em pureza, evitando a imoralidade sexual e buscando santidade. Ele lembra que Deus os chamou para a pureza e que devem viver de forma digna. Essa exortação reforça a necessidade de pureza e integridade na vida cristã.

Paulo incentiva o amor fraternal e uma vida tranquila, destacando a importância do trabalho e da simplicidade. Ele orienta os tessalonicenses a viverem de modo a serem respeitados, mostrando que a fé se manifesta em ações práticas. Esses conselhos refletem a ética da vida cristã.

Paulo conforta a igreja ao ensinar sobre a ressurreição e a volta de Cristo, assegurando-lhes que os que morreram em Cristo serão ressuscitados. Ele descreve o retorno de Jesus como um evento glorioso e os encoraja a confortarem-se mutuamente com essa esperança. Essa mensagem traz consolo e alegria.

Paulo instrui os tessalonicenses a estarem alertas e preparados para o "Dia do Senhor". Ele lembra que Jesus voltará como um "ladrão à noite" e que os crentes devem viver em vigilância. Essa instrução enfatiza a necessidade de prontidão e comprometimento contínuo com a fé.

Ele dá orientações para a vida comunitária, incluindo respeito aos líderes, encorajamento mútuo e alegria em todas as circunstâncias. Paulo pede que os crentes sejam pacientes, ajudem os fracos e busquem o bem. Esses conselhos promovem a harmonia e o crescimento espiritual na comunidade.

A carta termina com uma bênção de santificação, onde Paulo ora para que Deus preserve todo o espírito, alma e corpo dos tessalonicenses. Ele pede orações e envia saudações finais, reafirmando o amor e a conexão espiritual com a igreja. O encerramento destaca a paz e unidade em Cristo.

# II TESSALONICENSES

## ESBOÇO DE II TESSALONICENSES

1. Saudação e Ação de Graças pela Fé dos Crentes (2 Tessalonicenses 1:1–4)
   - Paulo saúda a igreja e expressa gratidão pelo crescimento da fé e do amor dos tessalonicenses.

2. Encorajamento em Meio à Perseguição (2 Tessalonicenses 1:5–10)
   - Paulo conforta os crentes, afirmando que Deus julgará os que os perseguem e dará alívio aos fiéis.

3. Oração por Fortalecimento e Dignidade Cristã (2 Tessalonicenses 1:11–12)
   - Paulo ora para que Deus fortaleça os tessalonicenses e os faça dignos do chamado.

4. Esclarecimento sobre o Dia do Senhor (2 Tessalonicenses 2:1–2)
   - Paulo aborda confusões sobre o retorno de Cristo e o Dia do Senhor, pedindo que não se alarmem.

5. Apostasia e o Homem da Iniquidade (2 Tessalonicenses 2:3–12)
   - Paulo descreve a vinda da apostasia e do "homem da iniquidade", que precederá a volta de Cristo.

6. Consolo e Segurança na Salvação (2 Tessalonicenses 2:13–15)
   - Paulo reafirma a salvação dos crentes, exortando-os a permanecer firmes na fé.

7. Oração pelo Avanço do Evangelho (2 Tessalonicenses 2:16–3:5)
   - Paulo pede orações pelo sucesso do evangelho e pela proteção contra opositores.

> 8. Instrução sobre a Disciplina de Vida e Trabalho (2 Tessalonicenses 3:6–10)
> - Paulo adverte contra a ociosidade e incentiva o trabalho diligente, lembrando seu próprio exemplo.
>
> 9. Admoestação contra a Ociosidade (2 Tessalonicenses 3:11–13)
> - Paulo reprime os que vivem de forma desordenada, encorajando os fiéis a fazerem o bem.
>
> 10. Exortação à Disciplina e à Correção Fraternal (2 Tessalonicenses 3:14–15)
> - Paulo instrui a igreja a admoestar os desobedientes com amor, buscando sua correção.
>
> 11. Exortação à Paz e à Proteção de Deus (2 Tessalonicenses 3:16)
> - Paulo ora para que Deus conceda paz à igreja e proteja cada um de seus membros.
>
> 12. Autenticidade da Carta (2 Tessalonicenses 3:17)
> - Paulo assegura a autenticidade da carta com sua própria assinatura.
>
> 13. Bênção Final (2 Tessalonicenses 3:18)
> - Paulo encerra com uma bênção de graça sobre os tessalonicenses.

## O Livro de II Tessalonicenses

Paulo inicia sua segunda carta aos tessalonicenses com uma saudação e expressa gratidão pelo crescimento na fé e no amor da igreja. Ele destaca que os tessalonicenses permanecem firmes e fiéis, apesar das perseguições. Este início reafirma a alegria de Paulo ao ver o crescimento espiritual deles.

Paulo encoraja os tessalonicenses a suportarem as perseguições com paciência, assegurando-lhes que Deus julgará aqueles que os oprimem. Ele enfatiza que os justos receberão alívio e que o Senhor virá em glória para dar retribuição aos que não conhecem a Deus. Essa mensagem é um consolo para a igreja.

Em uma oração, Paulo pede que Deus fortaleça os crentes e os faça dignos de seu chamado. Ele deseja que o nome de Jesus seja glorificado neles e que eles vivam de acordo com a vocação cristã. Esta oração reflete o desejo de Paulo para que a igreja viva de forma digna e produtiva.

Paulo aborda a confusão sobre o Dia do Senhor e o retorno de Cristo, pedindo aos tessalonicenses que não se alarmem com falsos rumores. Ele deseja corrigir os equívocos sobre o fim dos tempos, para que a igreja viva em paz e confiança. Este ensino visa trazer clareza e estabilidade à fé deles.

Paulo descreve os eventos que precederão a volta de Cristo, incluindo a apostasia e a manifestação do "homem da iniquidade". Ele explica que esse homem será derrotado por Jesus em Sua vinda. Esta seção adverte os crentes sobre os perigos da apostasia e reforça a vitória final de Cristo.

Paulo consola os tessalonicenses reafirmando sua segurança na salvação e exortando-os a permanecerem firmes na fé. Ele lembra que foram escolhidos por Deus e são sustentados pela graça. Esta afirmação de fé fortalece a confiança dos crentes no amor e na proteção divina.

Ele pede orações pelo avanço do evangelho e pela proteção contra opositores. Paulo reconhece a necessidade de orar pelo sucesso do evangelho e pela coragem de continuar pregando. A dependência de Deus e o apoio da oração são essenciais para a missão de Paulo e da igreja.

Paulo adverte contra a ociosidade e incentiva os tessalonicenses a trabalharem diligentemente, lembrando seu próprio exemplo de trabalho. Ele ensina que o trabalho é parte essencial da vida cristã e que a ociosidade leva a problemas. Esta instrução promove uma ética de trabalho entre os crentes.

Ele repreende aqueles que vivem de forma desordenada, encorajando os crentes a continuarem fazendo o bem. Paulo instrui que cada um deve se empenhar em fazer o bem e não depender de outros sem necessidade. Esse ensino enfatiza o valor do esforço e da responsabilidade individual.

Paulo exorta a igreja a corrigir fraternalmente os que estão desobedientes, mas sem tratá-los como inimigos. Ele destaca que a disciplina deve ser feita com amor, buscando a restauração. Esta instrução demonstra que a correção na igreja visa ao crescimento espiritual e à unidade.

Em sua oração final, Paulo deseja paz aos tessalonicenses e pede que Deus esteja com eles. Ele ora para que cada um seja protegido e fortalecido pelo Senhor. Esse desejo de paz e segurança destaca a confiança de Paulo na presença protetora de Deus entre os crentes.

Para assegurar a autenticidade da carta, Paulo menciona que ele mesmo a assinou. Ele quer que a igreja saiba que a carta é legítima e que contém orientações apostólicas. Esse detalhe reflete a preocupação de Paulo com a clareza e a confiança dos crentes em seus ensinamentos.

Paulo encerra a carta com uma bênção de graça sobre os tessalonicenses, expressando seu desejo de que a presença de Deus esteja com todos. Esta bênção final reafirma o amor e a fé de Paulo e sela a carta com um desejo de paz e comunhão em Cristo para a igreja.

# I Timóteo

## Esboço de I Timóteo

1. Saudação e Propósito da Carta (1 Timóteo 1:1–2)
   - Saudação de Paulo a Timóteo e introdução à carta.

2. Advertência contra Falsos Ensinos (1 Timóteo 1:3–11)
   - Paulo alerta Timóteo sobre a necessidade de combater ensinos falsos e promover a sã doutrina.

3. Testemunho de Paulo sobre a Graça de Deus (1 Timóteo 1:12–17)
   - Paulo compartilha seu testemunho, destacando a graça de Deus que o salvou e o chamou.

4. Instruções para a Guerra Espiritual (1 Timóteo 1:18–20)
   - Paulo encoraja Timóteo a lutar a boa batalha da fé e permanecer firme na sã doutrina.

5. Instruções sobre a Oração e a Adoração (1 Timóteo 2:1–8)
   - Paulo exorta à oração por todos e instruções para uma vida de adoração que agrade a Deus.

6. Orientações sobre o Papel das Mulheres na Igreja (1 Timóteo 2:9–15)
   - Paulo instrui sobre a modéstia e o papel das mulheres no contexto de adoração pública.

7. Qualificações dos Líderes da Igreja: Bispos e Diáconos (1 Timóteo 3:1–13)
   - Paulo descreve as qualificações para os que aspiram ao bispado e ao diaconato.

8. A Igreja como Pilar da Verdade (1 Timóteo 3:14–16)
   - Paulo afirma a importância da igreja como sustentáculo da verdade e guardiã do mistério da piedade.

> 9. Advertência sobre Apostasia e Falsos Mestres (1 Timóteo 4:1–5)
> - Paulo alerta contra a apostasia e ensinos enganosos que afastam os crentes da verdade.
>
> 10. Instruções para a Vida de Timóteo como Líder (1 Timóteo 4:6–16)
> - Paulo encoraja Timóteo a ser um exemplo na fé, ensino e pureza de vida.
>
> 11. Orientações sobre o Cuidado com os Membros da Igreja (1 Timóteo 5:1–25)
> - Instruções para o tratamento de viúvas, anciãos e outros membros, com respeito e equidade.
>
> 12. Instruções sobre a Conduta Cristã e o Amor ao Dinheiro (1 Timóteo 6:1–21)
> - Paulo instrui sobre a vida cristã, a fuga do amor ao dinheiro e o combate à boa batalha da fé.

## O Livro de I Timóteo

Paulo começa a carta a Timóteo com uma saudação e destaca seu propósito de instruir e encorajar Timóteo, seu "verdadeiro filho na fé". Ele deseja graça, misericórdia e paz para Timóteo, ressaltando a importância do jovem pastor em sua missão. Este início revela o carinho de Paulo e a seriedade da missão de Timóteo.

Paulo alerta Timóteo contra falsos mestres e ensinos que desviam da verdade. Ele orienta Timóteo a permanecer firme na sã doutrina e combater ensinos que promovem discussões inúteis. Essa advertência reforça a responsabilidade de Timóteo como líder em proteger a igreja da apostasia.

Compartilhando seu testemunho, Paulo relembra como a graça de Deus o salvou e transformou. Ele reconhece que, apesar de seu passado como perseguidor, foi alcançado pela misericórdia divina. Este testemunho enfatiza a transformação pela graça e serve de encorajamento para Timóteo.

## I Timóteo

Paulo exorta Timóteo a lutar a boa batalha da fé, confiando na força e na proteção de Deus. Ele enfatiza a importância de uma vida íntegra, alertando Timóteo a manter a fé e a consciência limpa. Esta instrução é fundamental para o preparo espiritual de Timóteo na liderança.

Paulo instrui sobre a oração e a adoração, encorajando Timóteo a orar por todos, incluindo governantes. Ele enfatiza que a oração e a paz são elementos essenciais na vida cristã. Essa exortação à intercessão reflete o compromisso da igreja com a paz e o bem-estar social.

Paulo orienta sobre o papel das mulheres na igreja, incentivando a modéstia e o respeito na adoração pública. Ele também aborda a importância de um comportamento digno que contribua para o testemunho cristão. Estas orientações refletem o desejo de Paulo de uma adoração que honre a Deus.

Ele apresenta as qualificações dos líderes da igreja, incluindo bispos e diáconos, descrevendo as características de caráter, família e espiritualidade necessárias. Paulo destaca que líderes devem ser exemplares em suas vidas. Essas instruções visam garantir uma liderança fiel e respeitada.

Paulo descreve a igreja como o "pilar e sustentáculo da verdade", responsável por preservar e propagar o evangelho. Ele exalta o "mistério da piedade", centrado em Cristo. Essa visão da igreja reflete a responsabilidade de Timóteo em preservar a doutrina e promover a fé.

Paulo adverte contra a apostasia e os falsos mestres que enganam os crentes. Ele explica que esses ensinos afastam da verdade e da fé verdadeira. Essa advertência serve de alerta para que a igreja permaneça vigilante e comprometida com a verdade de Cristo.

Ele encoraja Timóteo a ser um exemplo para os crentes em palavra, conduta, amor, fé e pureza. Paulo exorta Timóteo a dedicar-se ao ensino e ao estudo da Palavra. Esse conselho reforça o papel do líder como modelo de vida cristã e como fiel expositor das Escrituras.

Paulo orienta sobre o cuidado com os membros da igreja, incluindo as viúvas e os anciãos, pedindo que sejam tratados com honra e respeito. Ele instrui Timóteo sobre a importância de um tratamento justo e compassivo. Esse cuidado pastoral promove uma igreja que reflete o amor de Deus.

Paulo adverte contra o amor ao dinheiro, exortando os crentes a buscarem contentamento e a evitar a cobiça. Ele instrui Timóteo a combater o bom combate da fé e a viver de maneira digna. Esta última exortação destaca o compromisso com a integridade e o foco no tesouro celestial.

# II Timóteo

## Esboço de II Timóteo

1. Saudação e Ação de Graças (2 Timóteo 1:1–5)
   - Saudação de Paulo a Timóteo e expressão de gratidão pela fé genuína de Timóteo.

2. Encorajamento para Ser Fiel ao Chamado (2 Timóteo 1:6–14)
   - Paulo exorta Timóteo a reavivar seu dom, a não ter medo e a manter-se fiel ao evangelho.

3. Exemplo de Paulo e de Outros Fiéis (2 Timóteo 1:15–18)
   - Paulo menciona fiéis e infiéis, destacando a lealdade de Onesíforo.

4. Instruções sobre o Compromisso com a Missão (2 Timóteo 2:1–13)
   - Paulo compara a vida cristã à de um soldado, atleta e lavrador, encorajando perseverança.

5. Advertência contra Falsos Ensinamentos (2 Timóteo 2:14–19)
   - Paulo instrui Timóteo a evitar disputas inúteis e a manter a pureza da verdade.

6. Vida de Pureza e Utilidade no Ministério (2 Timóteo 2:20–26)
   - Paulo compara os crentes a utensílios nobres e exorta Timóteo a ser útil para Deus.

7. Advertência sobre os Últimos Dias (2 Timóteo 3:1–9)
   - Paulo alerta Timóteo sobre tempos difíceis e descreve características de pessoas afastadas de Deus.

8. Exortação a Permanecer nas Escrituras (2 Timóteo 3:10–17)
   - Paulo encoraja Timóteo a seguir seu exemplo e a manter-se fiel às Escrituras, que são inspiradas por Deus.

9. Instruções Finais para Pregar com Urgência (2 Timóteo 4:1–5)

> - Paulo exorta Timóteo a pregar a Palavra, mesmo em face da oposição e apostasia.
>
> 10. Reflexão sobre o Fim da Vida de Paulo (2 Timóteo 4:6-8)
>    - Paulo reflete sobre sua vida e sua iminente morte, afirmando que guardou a fé.
>
> 11. Pedidos Pessoais e Saudações (2 Timóteo 4:9-18)
>    - Paulo faz pedidos práticos a Timóteo e menciona colaboradores e oponentes.
>
> 12. Saudações Finais e Bênção (2 Timóteo 4:19-22)
>    - Saudações para amigos e uma bênção final para Timóteo.

## O Livro de II Timóteo

A carta começa com Paulo saudando Timóteo e expressando gratidão pela fé genuína que ele herdou de sua mãe e avó. Paulo reconhece a fé sólida de Timóteo e destaca o valor da herança espiritual. Este início evidencia a relação próxima entre Paulo e seu "filho espiritual" e o apreço de Paulo por sua dedicação.

Paulo encoraja Timóteo a reavivar o dom de Deus nele, exortando-o a não ter medo e a ser fiel ao evangelho. Ele lembra que Deus não nos deu espírito de covardia, mas de poder e amor. Essa instrução fortalece Timóteo para enfrentar desafios com coragem e dedicação.

Paulo menciona a lealdade de alguns fiéis, como Onesíforo, e a deserção de outros, ressaltando a importância da fidelidade. Ele elogia Onesíforo por sua dedicação e lamenta a falta de compromisso de outros. Esse exemplo reforça o valor da lealdade no ministério cristão.

Paulo compara a vida cristã à de um soldado, atleta e lavrador, ilustrando a necessidade de disciplina e perseverança. Ele encoraja Timóteo a suportar as dificuldades e a manter o foco na missão. Essas metáforas demonstram a seriedade e o compromisso exigidos no serviço a Deus.

# II Timóteo

Paulo adverte Timóteo a evitar disputas e ensinos que desviam da verdade, instruindo-o a manter a pureza doutrinária. Ele lembra que discussões sem propósito levam à destruição espiritual. Essa advertência reforça a importância de preservar a verdade do evangelho.

Paulo encoraja Timóteo a ser um "utensílio nobre", útil para Deus e preparado para boas obras. Ele exorta Timóteo a evitar os desejos da juventude e a viver em pureza. Esse conselho promove a santidade e a prontidão para o serviço no ministério.

Paulo alerta Timóteo sobre os "últimos dias", descrevendo atitudes corruptas e egoístas. Ele adverte que tempos difíceis viriam e exorta Timóteo a se afastar de tais influências. Essa seção adverte sobre os perigos espirituais que os crentes enfrentam em tempos de apostasia.

Ele instrui Timóteo a permanecer nas Escrituras, destacando seu poder transformador e sua inspiração divina. Paulo lembra que as Escrituras equipam o crente para toda boa obra. Esse encorajamento reforça a centralidade da Palavra de Deus na vida e no ministério.

Paulo exorta Timóteo a pregar com urgência, mesmo diante da oposição e da apostasia. Ele instrui Timóteo a corrigir, exortar e encorajar os crentes com paciência. Este chamado destaca a necessidade de pregar a verdade consistentemente, mesmo em tempos de resistência.

Em um momento pessoal, Paulo reflete sobre sua vida e sua iminente morte, afirmando que guardou a fé e completou a carreira. Ele espera a "coroa da justiça" que o Senhor lhe dará. Essa reflexão mostra a satisfação de Paulo por uma vida bem vivida em Cristo.

Paulo faz pedidos a Timóteo e menciona colaboradores e opositores, demonstrando sua humanidade e necessidade de apoio. Ele pede que Timóteo venha logo e traga objetos pessoais. Esses pedidos revelam o lado pessoal de Paulo e seu desejo de apoio nos momentos finais.

A carta termina com saudações para amigos e uma bênção final. Paulo envia suas últimas palavras de encorajamento e deseja a presença da graça com Timóteo. Esse encerramento reflete a afeição de Paulo e seu desejo de que Timóteo permaneça firme em sua missão.

# TITO

## ESBOÇO DE TITO

1. Saudação e Propósito da Carta (Tito 1:1-4)
   - Saudação de Paulo e introdução, enfatizando sua missão de pregar a verdade e fortalecer a fé.

2. Instruções sobre o Estabelecimento de Líderes (Tito 1:5-9)
   - Paulo orienta Tito sobre a escolha de líderes (anciãos e bispos) com caráter e vida irrepreensíveis.

3. Advertência contra Falsos Mestres (Tito 1:10-16)
   - Paulo alerta sobre falsos mestres, especialmente os que ensinam por ganância e desviam a fé.

4. Instruções para Homens e Mulheres Idosos (Tito 2:1-3)
   - Paulo dá orientações específicas sobre o comportamento e exemplo de homens e mulheres mais velhos.

5. Instruções para os Jovens (Tito 2:4-8)
   - Ensinamentos sobre a vida e o testemunho dos jovens, incluindo autocontrole e exemplo de boas obras.

6. Instruções para Servos (Tito 2:9-10)
   - Paulo instrui os servos a serem fiéis e a servirem de modo que honrem a doutrina de Cristo.

7. A Graça de Deus e a Vida Piedosa (Tito 2:11-14)
   - Paulo destaca que a graça de Deus nos ensina a renunciar ao pecado e viver com piedade.

8. A Importância da Obediência e da Boa Cidadania (Tito 3:1-2)
   - Paulo exorta os crentes a serem submissos às autoridades e a tratarem os outros com gentileza.

9. A Transformação pela Misericórdia de Deus (Tito 3:3-7)
   - Paulo relembra que a salvação é fruto da misericórdia de Deus e da regeneração pelo Espírito Santo.

A Bíblia - Manual de Estudo

> 10. Exortação à Prática das Boas Obras (Tito 3:8)
> - Paulo enfatiza que os crentes devem praticar boas obras como reflexo de sua fé.
>
> 11. Advertência contra Discussões Inúteis e Divisões (Tito 3:9-11)
> - Paulo adverte Tito a evitar discussões tolas e a lidar com os divisores de maneira firme.
>
> 12. Instruções Finais e Saudações (Tito 3:12-15)
> - Paulo encerra a carta com orientações práticas, saudações e uma bênção.

## O Livro de Tito

A carta a Tito começa com uma saudação de Paulo, destacando seu chamado para promover a fé e o conhecimento da verdade. Ele se dirige a Tito como um "filho verdadeiro na fé" e enfatiza a importância da missão evangelística. Esse início mostra o vínculo entre Paulo e Tito e a seriedade de sua tarefa em Creta.

Paulo instrui Tito sobre a escolha de líderes para a igreja, ressaltando que eles devem ser homens de caráter íntegro, capazes de ensinar e corrigir. Ele descreve as qualidades que um bispo ou ancião deve ter, como ser irrepreensível e hospitaleiro. Essa orientação visa garantir uma liderança espiritual sólida.

Paulo alerta contra os falsos mestres que ensinam por ganância e desviam a fé dos crentes. Ele adverte sobre a influência destrutiva desses líderes e orienta Tito a repreendê-los com firmeza. Essa advertência ressalta a necessidade de proteger a igreja de ensinos que distorcem o evangelho.

Ele orienta sobre o comportamento dos homens e mulheres mais velhos, que devem ser exemplos de sobriedade e piedade. Paulo exorta as mulheres idosas a ensinarem as mais jovens, promovendo valores familiares e responsabilidade. Esse conselho destaca o papel dos mais velhos como mentores na fé.

Para os jovens, Paulo enfatiza a importância do autocontrole e de serem exemplos de boas obras. Ele instrui Tito a ser modelo de boas ações e integridade no ensino. Essas orientações fortalecem a importância do testemunho e do caráter cristão na juventude.

Paulo dá instruções aos servos, pedindo que sejam fiéis e respeitosos em seu serviço, de modo a refletirem a doutrina de Cristo. Ele enfatiza que seu comportamento deve trazer honra ao evangelho. Essa exortação mostra que o estilo de vida dos crentes é parte fundamental do testemunho cristão.

A graça de Deus, segundo Paulo, nos ensina a renunciar ao pecado e viver de modo piedoso enquanto aguardamos a vinda de Cristo. Ele lembra que a redenção em Cristo visa purificar um povo zeloso de boas obras. Essa passagem reforça a centralidade da graça como base da vida cristã.

Paulo exorta os crentes a serem submissos às autoridades e a tratarem todos com gentileza e respeito. Ele instrui que a vida cristã deve ser marcada pela bondade e paz. Essa orientação promove a boa cidadania e um testemunho positivo para a sociedade.

Paulo recorda aos crentes que, antes de serem salvos, também viveram em pecado, mas foram transformados pela misericórdia de Deus. Ele enfatiza que a regeneração é obra do Espírito Santo e não fruto de boas obras. Esse ensinamento lembra os crentes da sua nova identidade em Cristo.

Ele encoraja os crentes a praticarem boas obras como reflexo de sua fé e transformação espiritual. Paulo explica que essas obras são "excelentes e úteis para todos". Essa exortação destaca que a fé genuína é sempre acompanhada por ações que beneficiam a comunidade.

Paulo adverte Tito contra discussões inúteis e ensinos que geram divisão, instruindo-o a corrigir com firmeza os que causam problemas. Ele alerta que divisões e controvérsias enfraquecem a igreja e desviam o foco do evangelho. Essa advertência reforça a importância da unidade e da paz na comunidade.

A carta termina com orientações finais e saudações de Paulo a Tito e outros colaboradores. Ele envia uma bênção e deseja paz a todos. Esse encerramento reflete o desejo de Paulo de que Tito tenha sucesso em sua missão e que a igreja em Creta prospere em paz e unidade.

# Filemom

## Esboço de Filemom

1. Saudação e Ação de Graças (Filemom 1–3)
   - Paulo saúda Filemom, Áfia, Arquipo e a igreja que se reúne em sua casa.

2. Expressão de Gratidão pela Fé e Amor de Filemom (Filemom 4–7)
   - Paulo agradece a Deus pela fé e amor de Filemom, elogiando sua generosidade e amor pelos irmãos.

3. Apelo de Paulo por Onésimo (Filemom 8–10)
   - Paulo faz um apelo amigável, pedindo a Filemom que receba Onésimo, seu escravo que agora é cristão.

4. Transformação de Onésimo (Filemom 11–12)
   - Paulo explica que Onésimo, antes inútil, agora é útil tanto para Paulo quanto para Filemom.

5. Pedido de Recepção como Irmão em Cristo (Filemom 13–16)
   - Paulo pede que Filemom receba Onésimo não mais como escravo, mas como um irmão amado em Cristo.

6. Oferta de Paulo para Assumir a Dívida de Onésimo (Filemom 17–19)
   - Paulo se oferece para pagar qualquer dívida que Onésimo tenha com Filemom.

7. Confiança na Obediência de Filemom (Filemom 20–21)
   - Paulo expressa sua confiança de que Filemom fará até mais do que ele está pedindo.

8. Pedido de Preparação para Visita (Filemom 22)
   - Paulo pede a Filemom que prepare um quarto para sua visita, mostrando expectativa de libertação.

> 9. Saudações dos Companheiros de Paulo (Filemom 23–24)
> - Paulo envia saudações de seus companheiros de ministério.
>
> 10. Saudação Final e Bênção (Filemom 25)
> - Paulo conclui com uma bênção de paz e graça.

## O Livro de Filemom

Paulo inicia a carta a Filemom com uma saudação afetuosa a ele, a Áfia, a Arquipo e à igreja que se reúne na casa de Filemom. Ele deseja graça e paz, demonstrando um espírito de amizade e respeito. Esta introdução prepara o tom de gentileza e compreensão que permeia toda a carta.

Ele expressa gratidão pela fé e amor de Filemom, elogiando-o por sua generosidade para com os crentes. Paulo aprecia o impacto de Filemom na comunidade cristã e reconhece sua liderança espiritual. Essa expressão de gratidão reflete o carinho de Paulo e seu apreço pela hospitalidade de Filemom.

Paulo introduz seu apelo em favor de Onésimo, o escravo que fugiu de Filemom e se converteu ao cristianismo. Ele pede que Filemom o receba de volta com compaixão, apresentando o pedido de maneira gentil. Paulo utiliza sua influência espiritual para reconciliar as partes envolvidas.

Ele explica que Onésimo, antes "inútil" para Filemom, agora se tornou "útil" após sua transformação em Cristo. Paulo destaca a mudança radical de vida de Onésimo e sugere que ele pode ser uma bênção. Esse testemunho da transformação de Onésimo ressalta o poder do evangelho para mudar vidas.

Paulo pede que Filemom receba Onésimo como um irmão em Cristo e não apenas como um escravo. Ele argumenta que ambos agora compartilham da mesma fé, o que transforma a relação entre eles. Este pedido destaca a igualdade espiritual de todos os crentes, independentemente de status social.

Paulo se oferece para cobrir qualquer dívida que Onésimo tenha com Filemom, reforçando sua sinceridade e compromisso com a reconciliação. Ele escreve com sua própria mão, assumindo pessoalmente a responsabilidade. Essa oferta mostra a disposição de Paulo para restaurar a relação entre os dois.

Ele expressa sua confiança de que Filemom não só atenderá ao pedido, mas fará ainda mais. Paulo utiliza uma abordagem respeitosa e esperançosa, acreditando na boa vontade de Filemom. Esta confiança reforça a expectativa de Paulo de que Filemom reagirá com graça e bondade.

Paulo menciona sua intenção de visitar Filemom e pede que um quarto seja preparado para ele. Esse pedido implica a expectativa de libertação de Paulo e sugere um desejo de renovação da comunhão. Esta parte da carta demonstra a esperança de Paulo em ver os frutos de sua reconciliação pessoalmente.

Ele envia saudações de seus companheiros de ministério, incluindo Epafras, Marcos, Aristarco, Demas e Lucas. Paulo inclui esses nomes para lembrar a Filemom do apoio mútuo e da comunidade mais ampla de crentes. As saudações reforçam a rede de relacionamentos que sustenta a missão cristã.

A bênção final de Paulo é um desejo de que a graça de Cristo esteja com o espírito de Filemom. Ele encerra com uma nota de paz e confiança na presença de Cristo entre eles. Esse encerramento resume o espírito da carta, que é de reconciliação e unidade na fé.

A carta de Paulo a Filemom é um apelo sincero e pessoal pela reconciliação e perdão. Ele aborda a questão da escravidão e da fraternidade cristã, promovendo uma atitude de amor e respeito. A mensagem central de Paulo é que a fé em Cristo transforma todas as relações.

Paulo utiliza seu relacionamento pessoal com Filemom para promover uma mudança que honra a nova identidade de Onésimo como irmão em Cristo. Ele mostra que a reconciliação e o amor são fundamentais no cristianismo. A carta exemplifica o poder da fé em superar barreiras e unir as pessoas em Cristo.

# HEBREUS

## ESBOÇO DE HEBREUS

1. A Supremacia de Cristo sobre os Profetas e Anjos (Hebreus 1:1–2:18)
   - Cristo é superior aos profetas e aos anjos, sendo o Filho de Deus e herdeiro de todas as coisas.

2. Advertência contra a Negligência (Hebreus 2:1–4)
   - Exortação a não negligenciar a salvação revelada por Cristo.

3. A Humanidade de Cristo e Sua Compaixão (Hebreus 2:5–18)
   - Jesus assumiu a natureza humana para vencer a morte e tornar-se nosso Sumo Sacerdote misericordioso.

4. Cristo Superior a Moisés (Hebreus 3:1–6)
   - Cristo é superior a Moisés, pois é o Filho sobre a casa de Deus.

5. Advertência contra a Incredulidade (Hebreus 3:7–4:13)
   - Exortação a evitar a incredulidade que impediu Israel de entrar no descanso prometido.

6. Cristo, o Grande Sumo Sacerdote (Hebreus 4:14–5:10)
   - Jesus é o Sumo Sacerdote que pode compadecer-se de nossas fraquezas e foi chamado por Deus.

7. Advertência contra a Apostasia e Maturidade Espiritual (Hebreus 5:11–6:20)
   - Exortação a buscar a maturidade espiritual e a não retroceder na fé.

8. Cristo como Sumo Sacerdote na Ordem de Melquisedeque (Hebreus 7)
   - Explicação do sacerdócio eterno de Cristo segundo a ordem de Melquisedeque, superior ao de Arão.

9. A Superioridade da Nova Aliança (Hebreus 8)
- A nova aliança em Cristo é superior à antiga, baseada em melhores promessas.

10. O Tabernáculo Celestial e o Sacrifício de Cristo (Hebreus 9)
- Cristo é o sumo sacerdote do tabernáculo celestial e Seu sacrifício é eficaz para a redenção eterna.

11. O Sacrifício Único e Perfeito de Cristo (Hebreus 10:1-18)
- O sacrifício de Jesus é único e suficiente, anulando os sacrifícios contínuos da Lei.

12. Exortação à Perseverança na Fé (Hebreus 10:19-39)
- Exortação a perseverar na fé e a não abandonar a confiança em Cristo.

13. A Fé dos Antigos (Hebreus 11)
- Relato dos heróis da fé e a importância da fé para agradar a Deus.

14. Exortação à Perseverança e Disciplina (Hebreus 12:1-13)
- Incentivo à perseverança na corrida cristã, considerando o exemplo de Jesus e a disciplina de Deus.

15. Exortação à Vida Santa e ao Amor Fraternal (Hebreus 12:14-13:19)
- Instruções sobre a vida de santidade, amor fraternal e submissão aos líderes espirituais.

16. Bênção e Saudações Finais (Hebreus 13:20-25)
- Oração de bênção e despedida, destacando a paz de Deus e a obra de Cristo.

## O Livro de Hebreus

O livro de Hebreus começa exaltando a supremacia de Cristo, que é superior aos profetas e anjos, sendo a manifestação perfeita de Deus. Ele é o Filho, o herdeiro de todas as coisas e o resplendor da glória divina. Essa introdução coloca Cristo no centro, destacando Seu papel como o meio de revelação final de Deus.

Uma advertência é dada contra a negligência da salvação, exortando os leitores a não descuidarem do evangelho. Essa mensagem urgente enfatiza a importância de permanecerem atentos ao que ouviram. Hebreus adverte sobre a seriedade de ignorar a mensagem de Cristo e os riscos espirituais envolvidos.

O autor explica que Jesus assumiu a natureza humana para vencer a morte e ser nosso Sumo Sacerdote. Ao participar da carne e do sangue, Cristo entende nossas fraquezas e se compadece de nós. Sua humanidade nos permite confiar em Sua misericórdia e compaixão em nossas lutas.

Hebreus apresenta Cristo como superior a Moisés, sendo o Filho sobre a casa de Deus, enquanto Moisés foi um servo fiel. Cristo, portanto, é digno de maior honra. Esse contraste mostra a centralidade de Jesus em relação à antiga aliança e à expectativa do povo de Israel.

Uma advertência contra a incredulidade é dada, lembrando o exemplo de Israel no deserto, que não entrou no descanso prometido. O autor exorta os crentes a não endurecerem seus corações, mas a confiarem em Deus. Esta passagem aponta para o descanso espiritual disponível em Cristo.

Jesus é apresentado como o Grande Sumo Sacerdote que intercede por nós diante de Deus. Ele é capaz de compadecer-se de nossas fraquezas, pois experimentou a tentação, embora sem pecado. Esse conceito do sacerdócio de Cristo oferece esperança e segurança aos crentes.

O autor adverte contra a apostasia, exortando os crentes a crescerem em maturidade espiritual e a não retrocederem na fé. Ele pede que os crentes avancem para a maturidade, evitando o risco de caírem. Esse chamado à perseverança reflete a necessidade de uma fé firme e duradoura.

Cristo é apresentado como Sumo Sacerdote na ordem de Melquisedeque, um sacerdócio eterno e superior ao de Arão. Essa explicação detalha o caráter eterno e universal do ministério de Jesus. A comparação com Melquisedeque enfatiza a singularidade e a superioridade de Cristo.

O autor explica que a nova aliança em Cristo é superior à antiga aliança, baseada em promessas melhores. Em Cristo, os crentes têm acesso direto a Deus, sem a necessidade de rituais antigos. Essa nova aliança é fundamentada na obra redentora de Cristo, trazendo esperança e reconciliação.

Cristo é descrito como o sumo sacerdote do tabernáculo celestial, cujo sacrifício oferece redenção eterna. Diferente dos sacrifícios temporários, o de Cristo é definitivo e perfeito. Esse ensino destaca a eficácia do sangue de Cristo para purificar e reconciliar com Deus.

O sacrifício de Jesus é suficiente para remover o pecado, anulando a necessidade de sacrifícios contínuos. Hebreus afirma que Cristo ofereceu um único sacrifício eficaz para sempre. Essa declaração de suficiência convida os crentes a confiar plenamente na obra de Cristo para a salvação.

Uma exortação à perseverança é dada, pedindo aos crentes que mantenham a confiança e não voltem atrás. Eles são incentivados a manter a esperança, pois Deus é fiel. Essa exortação à perseverança fortalece os crentes a continuar firmes na fé, especialmente em tempos de dificuldade.

Hebreus lista os heróis da fé do Antigo Testamento, mostrando como viveram pela fé, agradando a Deus. Essa "galeria da fé" inspira os leitores a seguirem o exemplo dos fiéis que os precederam. A importância da fé é destacada como a chave para agradar a Deus e vencer.

A vida cristã é comparada a uma corrida que exige perseverança, olhando para Jesus como exemplo. O autor também fala sobre a disciplina de Deus, que é uma prova de Seu amor. A disciplina é apresentada como um elemento essencial para o crescimento espiritual e a fidelidade a Deus.

Hebreus oferece várias instruções práticas para uma vida santa e para o amor fraternal. Os crentes são exortados a viverem em paz, pureza e a serem submissos aos seus líderes espirituais. Essa ênfase na santidade e na comunidade reflete o chamado para uma vida que honra a Deus.

A carta termina com uma oração de bênção, pedindo que o Deus da paz aperfeiçoe os crentes em toda boa obra. Paulo encerra com saudações e uma bênção, confiando a obra da igreja nas mãos de Deus. Esse final reforça a segurança em Cristo e o desejo de uma vida abençoada.

# TIAGO

## ESBOÇO DE TIAGO

1. Introdução e Saudação (Tiago 1:1)
   - Saudação de Tiago às doze tribos dispersas.

2. Provações e Perseverança (Tiago 1:2–4)
   - Encorajamento a considerar as provações como motivo de alegria, pois produzem perseverança.

3. Sabedoria para Enfrentar as Dificuldades (Tiago 1:5–8)
   - Exortação a pedir sabedoria a Deus, que dá liberalmente a quem pede com fé.

4. Pobreza e Riqueza na Perspectiva de Deus (Tiago 1:9–11)
   - Reflexão sobre a verdadeira posição dos pobres e ricos aos olhos de Deus.

5. As Tentações e o Caráter de Deus (Tiago 1:12–18)
   - Ensinamento sobre as tentações, afirmando que Deus não tenta ninguém, e que todo dom vem d'Ele.

6. A Importância de Ser Ouvidor e Praticante (Tiago 1:19–27)
   - Exortação a ouvir a Palavra com mansidão e a praticá-la, cuidando dos necessitados.

7. Favoritismo e Discriminação (Tiago 2:1–13)
   - Advertência contra o favoritismo, especialmente em relação aos pobres, e ênfase na misericórdia.

8. A Fé sem Obras é Morta (Tiago 2:14–26)
   - Declaração de que a fé sem obras é inútil, usando Abraão e Raabe como exemplos.

9. O Poder da Língua (Tiago 3:1–12)
   - Advertência sobre o uso da língua, que pode tanto edificar quanto destruir.

> 10. A Sabedoria de Deus versus a Sabedoria Terrena (Tiago 3:13-18)
> - Contraste entre a sabedoria divina, caracterizada pela paz, e a sabedoria terrena, marcada por inveja e egoísmo.
>
> 11. Advertência contra as Brigas e o Orgulho (Tiago 4:1-6)
> - Explicação sobre as causas das brigas e o apelo à humildade perante Deus.
>
> 12. Submissão a Deus e Resistência ao Diabo (Tiago 4:7-10)
> - Exortação a se submeter a Deus, resistir ao diabo e buscar pureza de coração.
>
> 13. Advertência contra o Julgamento e a Presunção (Tiago 4:11-17)
> - Paulo adverte contra julgar os irmãos e fazer planos arrogantes sem considerar a vontade de Deus.
>
> 14. Advertência aos Ricos Opressores (Tiago 5:1-6)
> - Tiago condena a exploração dos pobres pelos ricos e chama os ricos ao arrependimento.
>
> 15. Paciência e Perseverança na Aflição (Tiago 5:7-11)
> - Encorajamento a serem pacientes e perseverantes até a vinda do Senhor, tomando Jó como exemplo.
>
> 16. Oração, Confissão e Cura (Tiago 5:12-20)
> - Instrução sobre a oração, a confissão e o cuidado espiritual mútuo, destacando o poder da oração fervorosa.

### O Livro de Tiago

O livro de Tiago começa com uma saudação às "doze tribos dispersas", mostrando que Tiago se dirige aos crentes judeus em meio à diáspora. Essa introdução prepara o terreno para uma série de orientações práticas sobre a vida cristã. Tiago se apresenta simplesmente como "servo de Deus", evidenciando humildade.

Ele encoraja os crentes a considerarem as provações como motivo de alegria, pois produzem perseverança e maturidade. Tiago vê as dificuldades como oportunidades de crescimento espiritual. Essa perspectiva ajuda os leitores a enfrentarem as tribulações com fé e confiança no propósito de Deus.

Tiago exorta os crentes a pedirem sabedoria a Deus quando enfrentarem dificuldades, lembrando que Ele concede liberalmente a quem pede com fé. Essa instrução destaca a importância de confiar em Deus para orientação. Tiago ensina que a fé, sem dúvida ou hesitação, é essencial para recebermos de Deus.

Ele oferece uma reflexão sobre pobreza e riqueza, destacando a verdadeira posição dos ricos e dos pobres aos olhos de Deus. Tiago explica que a riqueza material é transitória e que a verdadeira riqueza está na fé. Esta visão desafia os valores materiais e promove uma perspectiva espiritual.

Tiago ensina que Deus não tenta ninguém e que as tentações vêm dos desejos humanos. Ele exalta o caráter bom e imutável de Deus, que é a fonte de todo dom perfeito. Essa seção ajuda a esclarecer a natureza de Deus e encoraja os crentes a confiarem em Sua bondade.

Ele exorta os crentes a serem "praticantes da Palavra", não apenas ouvintes, lembrando-os de cuidar dos necessitados. Tiago enfatiza que a verdadeira religião é refletida em ações de compaixão e santidade. Este chamado à prática da fé mostra que o evangelho deve impactar a vida diária.

Tiago condena o favoritismo e a discriminação, especialmente contra os pobres, destacando que Deus honra todos igualmente. Ele ensina que a fé cristã exige misericórdia e respeito por todos. Esse ensino lembra a importância do amor ao próximo e da justiça na vida cristã.

Ele afirma que a fé sem obras é morta, usando os exemplos de Abraão e Raabe para ilustrar. Tiago argumenta que as boas obras são uma expressão natural da fé genuína. Essa mensagem destaca a inseparabilidade da fé e das ações na vida do cristão.

Tiago adverte sobre o poder da língua, que pode tanto edificar quanto destruir. Ele compara a língua ao fogo e ao leme de um navio, alertando sobre o perigo das palavras impensadas. Esta advertência reforça a importância do autocontrole e da comunicação responsável.

Ele diferencia a sabedoria divina, caracterizada por paz e compaixão, da sabedoria terrena, marcada por inveja e egoísmo. Tiago ensina que a verdadeira sabedoria vem de Deus e traz harmonia. Este contraste ajuda os crentes a buscarem um caráter pacífico e humilde.

Tiago aborda as causas das brigas e conflitos, destacando o papel do egoísmo e do orgulho. Ele exorta os crentes à humildade diante de Deus, lembrando que Ele resiste aos soberbos. Essa advertência mostra que a paz e a harmonia vêm da humildade e da submissão a Deus.

Ele encoraja os crentes a se submeterem a Deus, resistirem ao diabo e purificarem seus corações. Tiago destaca que a proximidade com Deus traz pureza e proteção. Esse chamado à submissão e resistência espiritual encoraja uma vida de santidade e fidelidade.

Tiago adverte contra o julgamento dos outros e a presunção de fazer planos sem considerar a vontade de Deus. Ele lembra que a vida é breve e que tudo deve ser feito com humildade e dependência de Deus. Essa advertência ensina a importância da humildade e da busca pela vontade divina.

Ele condena a opressão dos ricos contra os pobres e os adverte sobre o julgamento de Deus. Tiago critica a exploração e exorta os ricos a se arrependerem de suas injustiças. Essa seção reafirma a justiça de Deus e Seu cuidado pelos oprimidos.

Tiago encoraja os crentes a serem pacientes e perseverantes, especialmente em tempos de aflição, lembrando o exemplo de Jó. Ele destaca que Deus é compassivo e misericordioso. Esse incentivo à paciência reflete a esperança na vinda de Cristo e a recompensa de Deus aos fiéis.

Por fim, Tiago instrui sobre a oração e a confissão mútua, destacando o poder da oração fervorosa. Ele encoraja os crentes a cuidarem uns dos outros espiritualmente, buscando restauração. Essa ênfase na oração e no apoio mútuo reforça a importância da comunidade cristã na vida de fé.

# I e II Pedro

## Esboço de I Pedro

1. Saudação e Eleição dos Crentes (1 Pedro 1:1–2)
   - Saudação de Pedro e reconhecimento dos crentes como eleitos e escolhidos por Deus.

2. A Viva Esperança em Cristo (1 Pedro 1:3–12)
   - Encorajamento sobre a esperança viva através da ressurreição de Jesus.

3. Chamado à Santidade (1 Pedro 1:13–21)
   - Exortação à santidade, sendo obedientes e vivendo com reverência a Deus.

4. O Amor Fraternal e a Palavra de Deus (1 Pedro 1:22–25)
   - Instrução sobre o amor mútuo e a importância da Palavra que permanece.

5. Os Crentes como Pedra Viva e Sacerdócio Santo (1 Pedro 2:1–10)
   - Descrição dos crentes como pedras vivas e sacerdotes espirituais em Cristo.

6. Conduta dos Crentes Diante das Autoridades (1 Pedro 2:11–17)
   - Exortação a viver com boa conduta, sujeitando-se às autoridades.

7. Instruções para Servos e o Exemplo de Cristo (1 Pedro 2:18–25)
   - Instrução para os servos suportarem o sofrimento com paciência, seguindo o exemplo de Jesus.

8. Instruções para Esposas e Maridos (1 Pedro 3:1–7)
   - Ensinamentos sobre o papel e a conduta de esposas e maridos.

9. Chamado à Unidade e ao Amor Fraternal (1 Pedro 3:8–12)
- Exortação à harmonia, compaixão e ao amor fraternal.

10. Instrução sobre Sofrimento por Causa de Cristo (1 Pedro 3:13–4:19)
- Encorajamento a perseverar em meio ao sofrimento e viver para a vontade de Deus.

11. Instrução para Líderes e Membros da Igreja (1 Pedro 5:1–5)
- Instruções para os líderes e a importância da humildade para todos.

12. Exortação à Vigilância Espiritual (1 Pedro 5:6–9)
- Advertência a serem vigilantes contra o diabo e a permanecerem firmes na fé.

13. Encerramento e Bênção Final (1 Pedro 5:10–14)
- Pedro conclui com uma bênção e saudações finais.

## Esboço de II Pedro

1. Saudação e Crescimento na Graça (2 Pedro 1:1–2)
- Saudação de Pedro e incentivo ao crescimento na graça e conhecimento de Jesus.

2. Chamado ao Crescimento Espiritual (2 Pedro 1:3–11)
- Encorajamento a desenvolver virtudes cristãs para uma vida frutífera e firme em Cristo.

3. Lembrança da Testemunha de Pedro e da Escritura (2 Pedro 1:12–21)
- Pedro relembra seu testemunho sobre Cristo e a autoridade das Escrituras.

4. Advertência sobre Falsos Mestres (2 Pedro 2:1–3)
- Alerta sobre a presença de falsos mestres e suas práticas enganosas.

5. Condenação dos Falsos Mestres (2 Pedro 2:4–22)
- Descrição do julgamento reservado para os falsos mestres e suas ações malignas.

6. O Dia do Senhor e a Vinda de Cristo (2 Pedro 3:1–10)
- Encorajamento sobre a certeza do retorno de Cristo e advertência contra o escárnio dos incrédulos.

7. Exortação à Vida Santa em Espera do Dia do Senhor (2 Pedro 3:11–13)
- Chamado à santidade e à paciência enquanto aguardam a vinda do Senhor.

8. Conclusão e Advertência Final contra Desvios (2 Pedro 3:14–18)
- Exortação a permanecerem firmes na verdade e crescerem na graça e no conhecimento de Cristo.

## Os Livros de I e II Pedro

Pedro inicia sua primeira carta saudando os crentes eleitos, lembrando-os de sua nova identidade em Cristo. Ele os encoraja a abraçarem a esperança viva que têm pela ressurreição de Jesus. Pedro enfatiza que essa esperança deve transformar a maneira como vivem, mesmo em tempos de dificuldade.

Ele exorta os crentes a viverem em santidade, sendo obedientes e reverentes a Deus. Pedro destaca que a vida santa é uma resposta ao chamado divino e uma expressão da nova vida em Cristo. Esta orientação reflete a importância de viver em conformidade com o caráter de Deus.

Pedro fala sobre o amor fraternal, lembrando que a Palavra de Deus permanece para sempre. Ele incentiva os crentes a se amarem sinceramente, pois foram regenerados pela Palavra viva. Esse amor é um testemunho visível do novo nascimento e da unidade que há em Cristo.

Descrevendo os crentes como "pedras vivas" e "sacerdócio santo", Pedro explica que eles são parte da construção espiritual de Deus. Ele reforça que, em Cristo, os crentes têm um novo propósito e identidade. Esse conceito destaca a união espiritual dos crentes e seu papel como servos de Deus.

Pedro orienta sobre a conduta diante das autoridades, encorajando o respeito e a submissão. Ele lembra que essa atitude é uma forma de testemunho e honra a Deus. Essa exortação promove a paz e reflete o compromisso dos crentes com a ordem e a justiça.

Ele instrui os servos a suportarem o sofrimento com paciência, seguindo o exemplo de Jesus, que sofreu injustamente. Pedro destaca o valor do sofrimento paciente como um reflexo do caráter de Cristo. Essa atitude promove a compaixão e a perseverança entre os crentes.

Pedro também orienta esposas e maridos sobre a conduta no casamento, incentivando o respeito mútuo e a harmonia. Ele enfatiza que essa relação deve refletir a piedade e o amor. Essas instruções reforçam o valor do casamento como um testemunho de vida cristã.

Chamando à unidade e ao amor fraternal, Pedro exorta a igreja a viver em harmonia e compaixão. Ele lembra que o amor cobre uma multidão de pecados e deve ser praticado. Essa unidade é essencial para o fortalecimento da comunidade cristã em tempos de provação.

Pedro encoraja os crentes a perseverarem no sofrimento, confiando que são abençoados ao sofrer por Cristo. Ele lembra que seguir a Cristo implica enfrentar oposição, mas que há glória na fidelidade. Esta exortação fortalece a fé dos crentes diante de adversidades.

Em sua segunda carta, Pedro incentiva o crescimento espiritual, destacando a importância das virtudes cristãs para uma vida frutífera. Ele exorta os crentes a buscarem conhecimento, autocontrole e perseverança. Esse chamado ao crescimento reflete o desejo de Pedro por uma igreja madura.

Pedro relembra seu testemunho e a autoridade das Escrituras, afirmando que a Palavra de Deus é a verdade. Ele destaca que os ensinamentos apostólicos são baseados em experiências reais e nas profecias inspiradas. Esta defesa das Escrituras fortalece a confiança dos crentes na verdade do evangelho.

Ele alerta contra os falsos mestres que distorcem a verdade e enganam a igreja. Pedro descreve o julgamento reservado para esses mestres e adverte os crentes a se afastarem deles. Essa advertência visa proteger a igreja da corrupção e dos enganos espirituais.

Pedro fala sobre a certeza da vinda de Cristo e adverte contra os incrédulos que zombam dessa esperança. Ele lembra aos crentes que Deus é paciente, mas que o Dia do Senhor virá. Essa exortação reforça a necessidade de esperar em Cristo com paciência e fidelidade.

Concluindo, Pedro encoraja os crentes a viverem em santidade e a crescerem na graça, mesmo em tempos difíceis. Ele pede que os crentes permaneçam firmes na verdade e evitem ser desviados. Essa mensagem final reafirma a importância da perseverança e do crescimento em Cristo até a vinda do Senhor.

# I, II e III João

## Esboço de I João

1. Introdução: A Palavra da Vida (1 João 1:1–4)
   - João apresenta Jesus como a "Palavra da Vida", testemunhando da encarnação.

2. Andando na Luz (1 João 1:5–2:2)
   - Exortação a andar na luz e confissão dos pecados, confiando em Cristo como nosso advogado.

3. Obediência e Amor ao Próximo (1 João 2:3–11)
   - Encorajamento a obedecer aos mandamentos e a amar os irmãos.

4. Advertência sobre o Mundo e o Anticristo (1 João 2:12–27)
   - João adverte contra o amor ao mundo e o engano do anticristo.

5. Exortação a Permanecer em Cristo (1 João 2:28–3:10)
   - Encorajamento a permanecer em Cristo e viver uma vida de retidão.

6. Amor Fraternal e Vida Prática (1 João 3:11–24)
   - Exortação ao amor prático pelos irmãos como evidência de nossa fé.

7. Discernindo os Espíritos (1 João 4:1–6)
   - Ensinamento sobre como discernir o Espírito da verdade do espírito do erro.

8. O Amor Perfeito e o Amor de Deus (1 João 4:7–21)
   - Explicação do amor perfeito de Deus e o chamado para amar uns aos outros.

9. A Vitória da Fé (1 João 5:1–12)
   - A fé em Jesus como o Filho de Deus nos dá vitória sobre o mundo.

10. A Confiança na Oração (1 João 5:13–21)
   - Encorajamento a orar com confiança e evitar o pecado.

## Esboço de II João

1. Saudação e Amor na Verdade (2 João 1:1–3)
   - Saudação de João, destacando o amor na verdade.

2. Encorajamento a Andar no Amor e na Obediência (2 João 1:4–6)
   - Exortação a andar no amor e a obedecer aos mandamentos de Cristo.

3. Advertência contra os Falsos Mestres (2 João 1:7–11)
   - Alerta sobre os enganadores e a importância de proteger a fé.

4. Encerramento e Saudação Final (2 João 1:12–13)
   - João expressa seu desejo de visitar os leitores e encerra com saudações.

## Esboço de III João

1. Saudação e Oração por Gaio (3 João 1:1–4)
   - Saudação de João e oração pela saúde e prosperidade de Gaio.

2. Louvor pelo Amor e Hospedagem (3 João 1:5–8)
   - Elogio a Gaio por seu amor e apoio aos missionários.

3. Advertência contra Diótrefes (3 João 1:9–10)
   - João repreende Diótrefes por sua arrogância e oposição aos apóstolos.

4. Exemplo de Bem com Demétrio (3 João 1:11–12)
   - João recomenda Demétrio como exemplo de bom caráter cristão.

5. Encerramento e Saudação Final (3 João 1:13–14)
   - João expressa seu desejo de visitar Gaio pessoalmente e se despede.

## Os Livros de I, II e III João

O livro de I João começa com uma introdução que apresenta Jesus como a "Palavra da Vida" e destaca a importância de ter comunhão com Deus e uns com os outros. João explica que Jesus é a manifestação da vida e da luz, trazendo clareza e direção. Este início estabelece a base para os temas de amor, luz e verdade.

João exorta os crentes a andarem na luz, confessando seus pecados e confiando em Cristo como nosso advogado e propiciação. Ele ensina que, se andamos na luz, temos comunhão com Deus e recebemos perdão. Essa mensagem promove a pureza espiritual e a transparência entre os crentes.

A obediência aos mandamentos de Deus é fundamental, especialmente o mandamento de amar o próximo. João ensina que o amor e a obediência são sinais de que pertencemos a Deus. Essa obediência prática reforça a relação entre fé e vida, mostrando que o amor é uma evidência de nossa fé.

João adverte contra o amor ao mundo e alerta sobre o espírito do anticristo, que nega a divindade de Jesus. Ele encoraja os crentes a discernirem e resistirem a esses enganos. Essa advertência fortalece a igreja contra influências que podem desviá-los da verdade.

Ele incentiva os crentes a permanecerem em Cristo, praticando a retidão e evitando o pecado. João lembra que aqueles que permanecem em Cristo vivem em santidade e demonstram o caráter divino. Esta exortação incentiva os crentes a serem fiéis e firmes em seu compromisso espiritual.

O amor fraternal é enfatizado como um sinal de que pertencemos a Deus. João exorta os crentes a demonstrarem amor prático, ajudando os irmãos em necessidade. Esse amor fraternal reflete a nova vida em Cristo e é essencial para o testemunho cristão.

João ensina sobre o discernimento dos espíritos, ajudando os crentes a identificar o Espírito da verdade. Ele instrui a igreja a testar os ensinamentos para evitar serem enganados. Esta prática de discernimento protege os crentes dos falsos mestres.

O amor de Deus é descrito como perfeito, e João exorta os crentes a amarem uns aos outros com esse mesmo amor. Ele afirma que o amor verdadeiro expulsa o medo e une os crentes. Esse ensino sobre o amor perfeito mostra como o amor de Deus molda as relações.

A vitória sobre o mundo é concedida pela fé em Jesus como o Filho de Deus. João destaca que a fé em Cristo transforma a vida dos crentes, dando-lhes poder sobre as influências mundanas. Essa vitória espiritual fortalece a confiança dos crentes na sua posição em Cristo.

João encoraja os crentes a orarem com confiança e lembra que Deus ouve e responde. Ele exorta a igreja a orar uns pelos outros e a evitar o pecado. A oração é vista como um meio de comunhão com Deus e de fortalecimento espiritual.

Em II João, João começa com uma saudação e destaca a importância do amor e da verdade. Ele encoraja os crentes a permanecerem fiéis aos mandamentos de Cristo, especialmente ao amor fraternal. Essa introdução enfatiza a união entre a verdade e o amor na vida cristã.

João alerta contra os falsos mestres que negam a verdade sobre Jesus, exortando os crentes a protegerem sua fé. Ele instrui a igreja a evitar aqueles que ensinam doutrinas erradas. Essa advertência preserva a pureza doutrinária e protege a comunidade de influências corruptoras.

Em III João, João saúda Gaio e elogia sua hospitalidade e apoio aos missionários. Ele reconhece a generosidade de Gaio e seu amor prático, encorajando-o a continuar. Esse exemplo mostra a importância do serviço e do apoio ao ministério.

João adverte contra Diótrefes, que age de forma arrogante e opõe-se aos apóstolos. Em contraste, ele recomenda Demétrio como exemplo de bom caráter cristão. Essas instruções finais enfatizam a importância da humildade e do exemplo na comunidade de fé.

# APOCALIPSE

## ESBOÇO DE APOCALIPSE

1. Introdução e Saudação (Apocalipse 1:1–8)
   - Apresentação da revelação dada a João, saudação e identificação de Cristo como o Alfa e Ômega.

2. Visão de Cristo Glorificado (Apocalipse 1:9–20)
   - João vê uma visão gloriosa de Cristo, que lhe instrui a escrever para as sete igrejas.

3. Cartas às Sete Igrejas (Apocalipse 2–3)
   - Mensagens específicas de Cristo para as igrejas de Éfeso, Esmirna, Pérgamo, Tiatira, Sardes, Filadélfia e Laodiceia.

4. Visão do Trono de Deus e da Adoração Celestial (Apocalipse 4)
   - João é levado ao trono celestial, onde vê a adoração ao Deus Todo-Poderoso.

5. O Livro Selado com Sete Selos (Apocalipse 5)
   - O Cordeiro, Jesus, é o único digno de abrir o livro selado com sete selos.

6. Abertura dos Sete Selos (Apocalipse 6–8:5)
   - Abertura de cada selo traz eventos de juízo sobre a terra, culminando no sétimo selo com silêncio no céu.

7. As Sete Trombetas (Apocalipse 8:6–11:19)
   - Anjos tocam trombetas que desencadeiam catástrofes e juízos, culminando na sétima trombeta que anuncia o reino de Cristo.

8. A Mulher e o Dragão (Apocalipse 12)
   - Visão de uma mulher que dá à luz e de um dragão que a persegue, representando a luta entre Deus e Satanás.

9. As Bestas e o Falso Profeta (Apocalipse 13)

> - Aparição de duas bestas que dominam a terra e levam os habitantes a adorarem o dragão.
>
> 10. O Cordeiro e os 144.000 (Apocalipse 14:1–13)
>    - Visão do Cordeiro com os 144.000 selados, com uma advertência final de juízo.
>
> 11. As Sete Taças da Ira de Deus (Apocalipse 15–16)
>    - Sete anjos derramam as taças da ira de Deus sobre a terra, trazendo juízos devastadores.
>
> 12. A Queda da Babilônia (Apocalipse 17–18)
>    - Babilônia, representando o sistema mundano corrupto, é julgada e destruída.
>
> 13. A Vinda de Cristo e a Batalha Final (Apocalipse 19)
>    - Cristo aparece como guerreiro vitorioso, derrotando as forças do mal na batalha final.
>
> 14. O Milênio e o Juízo Final (Apocalipse 20)
>    - Satanás é aprisionado por mil anos, seguido pelo juízo final no grande trono branco.
>
> 15. Novo Céu, Nova Terra e a Nova Jerusalém (Apocalipse 21)
>    - Deus cria um novo céu e uma nova terra; a Nova Jerusalém desce como a morada eterna dos santos.
>
> 16. Conclusão e Promessa de Jesus (Apocalipse 22)
>    - Exortação final, bênção e promessa de que Jesus virá em breve.

## O Livro de Apocalipse

O livro de Apocalipse começa com uma introdução onde João recebe a revelação de Jesus Cristo sobre os eventos futuros. Jesus é apresentado como o Alfa e o Ômega, o princípio e o fim. Essa introdução mostra a autoridade de Cristo sobre toda a história e destaca a iminência de Seu retorno.

João descreve uma visão gloriosa de Cristo, que aparece em majestade e poder e o instrui a escrever às sete igrejas da Ásia. A imagem de Jesus com vestes resplandecentes e o poder de uma espada de duas lâminas representa Sua autoridade divina. Essa visão estabelece a santidade e a majestade de Cristo.

Cristo envia mensagens específicas para cada uma das sete igrejas, elogiando suas virtudes e corrigindo suas falhas. As cartas abordam temas de fé, perseverança, arrependimento e fidelidade. Essas mensagens refletem as necessidades espirituais das igrejas e os desafios que enfrentam.

João é levado ao céu, onde vê o trono de Deus rodeado por criaturas celestiais que O adoram. A adoração no céu destaca a santidade e a majestade de Deus, que é digno de glória. Essa visão estabelece a soberania de Deus sobre o universo e prepara o cenário para os eventos futuros.

Um livro selado com sete selos é apresentado, mas somente o Cordeiro, Jesus, é digno de abri-lo. A abertura do livro simboliza a revelação dos planos de Deus para a humanidade. O sacrifício de Cristo o qualifica para abrir o livro e trazer a redenção e o juízo sobre a criação.

Cada selo aberto traz diferentes juízos e calamidades sobre a terra, incluindo guerra, fome e morte. O sétimo selo traz silêncio no céu e introduz as sete trombetas, que trazem ainda mais juízos. Esses selos representam a ação de Deus em responder ao pecado da humanidade.

As sete trombetas são tocadas por anjos, desencadeando desastres naturais e espirituais que afetam a terra e os seres humanos. A sétima trombeta anuncia o estabelecimento do reino eterno de Cristo. Esse ciclo de juízos enfatiza a justiça de Deus e a preparação para o reino vindouro.

João vê uma mulher prestes a dar à luz, perseguida por um dragão, simbolizando o conflito entre Deus e Satanás. A luta entre o bem e o mal é intensificada, com Satanás tentando destruir o povo de Deus. Essa visão simboliza a proteção divina sobre Seu povo durante os tempos de tribulação.

Aparecem duas bestas, uma do mar e outra da terra, que simbolizam poderes malignos que levam as pessoas a adorar Satanás. Essas bestas exercem autoridade e perseguem os seguidores de Cristo. Essa passagem destaca a oposição do mundo contra Deus e Seus santos.

O Cordeiro aparece com os 144.000 selados, e três anjos proclamam advertências de juízo e de fidelidade a Deus. Essa visão ressalta a preservação dos fiéis e a iminência do julgamento divino sobre o mundo. Os crentes são exortados a permanecer firmes em sua fé.

Sete taças da ira de Deus são derramadas sobre a terra, trazendo desastres ainda mais intensos. Essas taças representam o juízo final de Deus contra a rebelião humana. Esse período de julgamento reflete a resposta definitiva de Deus ao pecado e à injustiça no mundo.

A Babilônia, representando o sistema corrupto e imoral do mundo, é julgada e destruída. Sua queda é celebrada no céu como um ato de justiça divina. Essa destruição simboliza o fim da influência do mal e o estabelecimento da justiça divina.

Cristo aparece como um guerreiro montado em um cavalo branco para derrotar as forças do mal na batalha final. Ele vence o anticristo e suas forças, estabelecendo Seu reino. Esta vitória simboliza o triunfo final de Cristo sobre Satanás e todos os poderes das trevas.

Após a vitória de Cristo, Satanás é aprisionado por mil anos, e os fiéis reinam com Cristo. Após o milênio, Satanás é solto brevemente, mas é derrotado e lançado no lago de fogo. Segue-se o juízo final, onde todos são julgados diante do grande trono branco.

Deus cria um novo céu e uma nova terra, e a Nova Jerusalém desce como a morada eterna dos santos. Esse